I0035145

Chasse la Gravière (?)

UNIVERSITÉ DE DIJON — FACULTÉ DE DROIT

ÉTUDE

SUR

LA RESPONSABILITÉ PÉNALE & CIVILE

DES

SYNDICATS PROFESSIONNELS

THÈSE POUR LE DOCTORAT

(Sciences Juridiques)

Soutenue devant la Faculté de Droit de l'Université de Dijon

Le samedi 5 Mai 1900 à 1 h. 1/2 du soir

PAR

JOANNÈS SÉON

ÉTUDIANT DE LA FACULTÉ LIBRE DE LYON

PARIS

LIBRAIRIE NOUVELLE DE DROIT ET DE JURISPRUDENCE

ARTHUR ROUSSEAU, ÉDITEUR

14, RUE SOUFFLOT ET RUE TOULLIER, 13

1900

THÈSE

POUR LE DOCTORAT

(Sciences Juridiques)

BIBLIOTHÈQUE NATIONALE
R.F.
IMPRIMÉS

F
36 ?

UNIVERSITÉ DE DIJON — FACULTÉ DE DROIT

ÉTUDE

SUR

LA RESPONSABILITÉ PÉNALE & CIVILE

DES

SYNDICATS PROFESSIONNELS

BIBLIOTHÈQUE NATIONALE R F IMPRIMÉS

DON. N.º 97215

THÈSE POUR LE DOCTORAT
(Sciences Juridiques)

Soutenue devant la Faculté de Droit de l'Université de Dijon

Le samedi 5 Mai 1900 à 1 h. 1/2 du soir

PAR

Joannès SÉON

ÉTUDIANT DE LA FACULTÉ LIBRE DE LYON

Sous la présidence de :   M. MONGIN, Professeur

Suffragants   {   M. DESLANDRES, Professeur

            M. MOULIN, Agrégé

PARIS

LIBRAIRIE NOUVELLE DE DROIT ET DE JURISPRUDENCE

ARTHUR ROUSSEAU, ÉDITEUR

14, RUE SOUFFLOT ET RUE TOULLIER, 13

1900

INTRODUCTION

BIBLIOTHÈQUE NATIONALE R F

L'Assemblée Constituante, qui venait d'abolir les corporations comme « contraires à la liberté, à la Constitution et aux Droits de l'homme », défendit par une loi des
14-27 juin 1791, toute association entre gens de même
métier, établie dans le but de soutenir leurs « prétendus
intérêts communs. » C'est ainsi que s'exprimait la loi.

Sans doute, l'organisation des corporations était défectueuse à divers égards et pouvait donner lieu à de justes
critiques. L'exercice de certains négoces était un privilège
réservé à ceux-là seuls qui faisaient partie des corps de
métiers correspondants. D'un autre côté, chaque groupe
corporatif avait ses lois stipulant des conditions d'admission minutieuses qui en rendaient l'accès difficile.

Enfin on pouvait reprocher à la corporation la précision et la rigueur des règlements qu'elle imposait à ses
membres. Loin de stimuler leurs efforts et de favoriser le
développement de leurs qualités personnelles, elle com-
primait leur activité et par là même faisait obstacle aux
progrès de l'industrie et du commerce.

Mais, si ces associations n'avaient pas toujours été
utiles aux métiers qu'elles devaient protéger, elles avaient
néanmoins rendu des services qu'il était juste de reconnaître.

Unis pour agir en vue de la même fin, les individus

qu'elles réunissaient, prenaient en quelque sorte cons-
cience d'eux-mêmes ; la notion de leurs besoins se faisait
plus nette, le but se précisait ; leurs efforts dirigés dans
le même sens prenaient plus de cohésion et rendaient
plus sûre la réalisation de la tâche commune.

Ce n'était pas là le seul avantage du régime corporatif.
Du contact journalier, qui rapprochait les gens de même
métier, était né un sentiment de réelle confraternité, de
solidarité féconde qui les poussait à s'entr'aider, à atténuer, dans la mesure de leurs ressources, les misères de
leur condition.

De tels bienfaits méritaient certes de retenir l'attention
de réformateurs qui voulaient, en fondant une législation
nouvelle, faire une œuvre essentiellement humanitaire.

Il n'en fut rien cependant. La hâte de faire disparaître
les abus ne leur laissa pas le loisir d'en étudier les causes.
Ils s'épargnèrent ce travail d'analyse, condition première
de toute réforme durable, et incriminèrent le principe
même sur lequel reposait l'organisation corporative.

Pour eux, l'association était une forme de l'oppression,
un obstacle fatal à l'émancipation de l'individu qu'elle
tenait asservi.

En supprimant cet obstacle, l'Assemblée Constituante,
qui inscrivait dans la législation les idées chères aux philosophes du XVIIIe siècle, crut abolir une institution mauvaise. Elle ne s'aperçut point qu'elle s'attaquait à une idée
première, aussi vieille que le monde, à un principe orga-
nique fondamental, à l'instinct même qui pousse à s'unir
les hommes vivant la même existence, souffrant des
mêmes maux et éprouvant le même besoin d'y remédier.

Elle proclamait ainsi une véritable erreur sociale.
L'histoire se chargeait de démontrer qu'elle avait en

même temps manqué de sagesse et de prévoyance au point de vue économique.

Déjà, dès le premier Empire, l'absence de tout règlement professionnel, conséquence immédiate de l'abolition du régime corporatif, apparut à quelques patrons comme un danger pouvant compromettre le bon fonctionnement et l'avenir de leur industrie. Aussi certains d'entre eux, appartenant à diverses professions se rattachant toutes au bâtiment, sollicitèrent-ils du Préfet de Police la permission de former des groupes pour élaborer les règles qu'ils jugeaient indispensable de donner à leurs professions.

L'autorisation leur fut accordée. Ce n'était là assurément qu'un privilège fragile. Agissant sous la surveillance de l'autorité, ils n'osèrent point fonder leur action sur une organisation véritable qui eût pu éveiller les susceptibilités d'un gouvernement hostile à toute association, pouvant rappeler, même de loin, les anciens corps de métier.

Cependant la faveur de l'administration ne fut pas inutile. Elle permit aux patrons qui l'avaient obtenue de rétablir un peu d'ordre et de discipline parmi les ouvriers qu'ils avaient sous leur direction.

La Restauration et le gouvernement de Juillet continuèrent de délivrer quelques autorisations du même genre ; mais ce ne fut guère qu'à des groupes de patrons et seulement dans quelques grandes villes.

Toutefois, à mesure que se développait la production économique, la communauté d'action s'imposa de plus en plus aux chefs d'industrie, qui trouvèrent en elle la plus sûre garantie du succès de leurs entreprises. Ils créèrent de nouveaux groupes pour délibérer sur la situation de leur industrie, organiser les moyens de défense contre les difficultés qu'elle rencontrait et faire aux nécessités du moment des concessions conciliables avec leurs propres intérêts.

La loi du 25 mai 1864, en reconnaissant le droit de grève, aviva encore ce besoin d'union qui s'affirmait malgré la loi. Par l'entente commune et l'action concertée, ils pensèrent prévenir les coalitions en supprimant les causes qui pouvaient les faire naître et résister à celles qui seraient formées sans motif sérieux, en vue de faire aboutir des prétentions inacceptables.

Jusqu'alors, le gouvernement qui tolérait les associations patronales, n'avait guère manifesté que de la défiance vis-à-vis des ouvriers. Il redoutait leur action turbulente et craignait que leurs Chambres syndicales ne devinssent des comités révolutionnaires dont la puissance pût à un moment donné menacer l'ordre établi.

Cependant le législateur, qui venait d'accorder aux ouvriers la faculté de se concerter pour cesser le travail, eût été logique en leur reconnaissant le droit de s'unir d'une façon permanente pour défendre leurs intérêts. Puisqu'il déclarait légitime la coalition organisée par eux en vue d'obtenir les améliorations qu'ils souhaitaient, ne devait-il pas à plus forte raison et tout d'abord leur donner un moyen moins brutal, *plus raisonné* de faire triompher leurs revendications, en mettant à leur disposition la ressource féconde du groupement corporatif, au lieu de les contraindre à recourir, en cas de conflit, au moyen extrême et périlleux de la grève?

Quoi qu'il en soit, si la prohibition légale des unions de métier fut maintenue, la loi de 1865 amena toutefois un changement notable dans les dispositions du gouvernement et dans l'attitude des ouvriers.

La fondation des caisses de grève, résultat du droit de coalition, démontra à ces derniers les avantages qu'il était possible de retirer de l'association. Conscients de la force qu'ils pouvaient acquérir en groupant leurs efforts, ils voulurent à leur tour réclamer pour eux la faveur que l'administration n'avait jusqu'alors accordée qu'aux patrons. On n'osa pas la leur refuser.

L'exposition universelle de 1867 eut aussi son influence sur la création des associations ouvrières. En mettant les ouvriers français en rapport avec les trade's unions anglaises, elle leur permit de constater les résultats pratiques auxquels étaient déjà parvenues ces corporations qui vivaient librement depuis 1824.

Le mouvement syndical continua de prendre de l'extension jusqu'en 1872.

A cette époque, une loi spéciale rendue contre l'*Association internationale des travailleurs*, dont on redoutait les tendances révolutionnaires, vint arrêter momentanément le développement des Chambres syndicales.

Mais cet arrêt fut de courte durée. Quelques années plus tard, le mouvement reprit avec une nouvelle vigueur ; de nouveaux groupes de patrons et d'ouvriers se formèrent, si bien qu'en 1880, le gouvernement se trouvait en présence de nombreuses associations syndicales, dont certaines avaient donné des preuves manifestes de leur utilité.

Ainsi les timides essais, les tâtonnements indécis qui, au lendemain de la Révolution, révélaient déjà une vague tendance au groupement corporatif, s'étaient peu à peu transformés et avaient abouti, par une évolution lente et sous la seule poussée des besoins, à la fondation de véri-

tables associations organisées, dont le but très net était
de protéger les intérêts communs des adhérents.

Depuis longtemps on ne parlait plus de la proscription
édictée par la loi de 1791. La tolérance qu'avaient pra-
tiquée plus ou moins largement les gouvernements qui
s'étaient succédé depuis le premier Empire était un
désaveu implicite de la doctrine révolutionnaire, en même
temps que le développement croissant des Chambres syndicales constituait un éclatant démenti donné par les faits
aux conceptions erronées de la Constituante.

Il ne restait plus qu'à donner à ce désaveu et à cette
protestation une forme légale.

Le gouvernement s'y décida. Il comprit qu'il était
temps de rétablir l'accord entre les mœurs et le droit, et
le 22 novembre 1880, il déposa un projet de loi qui substi-
tuait au régime précaire et incertain de la tolérance administrative, sous lequel les syndicats avaient vécu jusqu'alors, la reconnaissance définitive de leur existence.

Ce projet qui, après maints remaniements, dut revenir
trois fois devant la Chambre et deux fois devant le Sénat,
fut enfin voté ; il devint la loi du 21 mars 1884.

Ce n'est pas seulement aux patrons et aux ouvriers que
cette loi reconnaît le droit de se réunir, mais à tous ceux,
industriels, agriculteurs, commerçants qui, exerçant une
profession, ont des intérêts communs à protéger et à défendre. L'autorité n'a plus à intervenir pour permettre la
fondation de ces syndicats professionnels ou pour surveiller leurs agissements. Ils se créent librement et
agissent en dehors de tout contrôle administratif.

A peine promulguée, la loi nouvelle souleva de vio-
lentes critiques. Des économistes, des sociologues et des
jurisconsultes affirmaient que les syndicats seraient une

perpétuelle menace pour ceux qui préféreraient leur liberté à l'enrôlement dans la corporation. Ils ajoutaient que ces associations tendraient à susciter des conflits entre ouvriers et patrons plutôt qu'elles ne serviraient à les apaiser.

Cette opposition de la première heure n'a guère tenu devant les résultats favorables de l'action collective dans le domaine économique. On ne conteste plus aujourd'hui l'œuvre bienfaisante des syndicats agricoles qui a puissamment contribué à l'amélioration des moyens de culture. Quant aux syndicats ouvriers — les plus nombreux — s'ils n'ont pas réalisé toutes les espérances qu'on avait fondées sur eux, on ne peut nier qu'ils aient rendu d'importants services aux classes laborieuses. En tout cas, ils n'ont pas été étrangers à la propagation des œuvres d'assistance et de mutualité qui se sont multipliées dans le dernier quart de ce siècle.

Est-ce à dire que la loi de 1884, qui a produit de tels résultats, soit parfaite et qu'on n'ait aucun reproche à lui adresser? Un pareil optimisme serait puéril.

Le législateur, qui crée une association, ne doit pas seulement assigner un but à son activité et lui donner les moyens d'y parvenir. Il doit encore, sous peine de faire une œuvre incomplète et dangereuse, prévoir les abus possibles de l'association, l'usage illégal qu'elle peut faire de ses droits, réprimer ses écarts et punir ses excès.

L'acte d'un syndicat professionnel peut constituer une violation de la loi pénale; ou bien, sans être délictueux au point de vue criminel, il peut léser les droits d'autrui et occasionner un dommage. Quelle sera dans l'un et l'autre cas la situation du syndicat? Quelle sanction appliquera-t-on à la corporation d'où émane l'acte incriminé?

C'est cette double question que je me propose d'examiner.

Mais, avant d'entreprendre cette étude, un exposé préliminaire s'impose.

Les syndicats appartiennent à cette catégorie d'êtres juridiques qu'on appelle dans la doctrine des *personnes morales*. Ce sont des associations qui, aux yeux de la loi, ne forment qu'une seule et même personne ayant ses droits et ses obligations propres, et non une masse d'individus gardant chacun son individualité, sa capacité d'action et sa responsabilité personnelles.

On comprend donc que, pour déterminer exactement la responsabilité du Syndicat, il faut au préalable savoir comment est réglée dans notre droit la responsabilité des personnes morales. L'étude du genre doit précéder celle de l'espèce.

Je consacrerai une première partie à la responsabilité pénale et civile des personnes morales en général.

Puis, après une courte revue historique, j'étudierai dans une seconde partie, en ce qui concerne seulement les syndicats professionnels, la même question de responsabilité, rassemblant les rares solutions de la loi de 1884 et les idées de la jurisprudence sur ces deux points : Le Syndicat peut-il, en tant qu'être collectif, en tant qu'association personnalisée, être l'agent d'un délit pénal ? D'autre part, l'acte syndical, lorsqu'il est délictueux et dommageable au sens de l'article 1382 du Code civil, engage-t-il le patrimoine même de la corporation ou seulement les biens des membres du syndicat ?

PREMIÈRE PARTIE

RESPONSABILITÉ DES PERSONNES MORALES EN GÉNÉRAL

CHAPITRE PREMIER

FONDEMENT JURIDIQUE DE LA RESPONSABILITÉ DÉLICTUELLE DES PERSONNES MORALES

Il est de principe dans notre droit que celui qui cause par sa faute un dommage à autrui en doit réparation. Cette règle s'applique-t-elle aux personnes morales comme aux individus?

Les auteurs ne sont guère d'accord sur ce point. Cependant la plupart répondent par une distinction. L'être moral, disent-ils, étant une pure abstraction, à laquelle le législateur a donné une individualité fictive, ne peut agir lui-même. Pour manifester son activité, sa vie juridique, le concours d'une ou plusieurs personnes physiques lui est nécessaire. Dès lors, de même qu'il ne peut contracter directement, sans intermédiaire, une obligation légale quelconque, de même il est naturellement incapable d'occasionner un dommage par son propre fait. Cette considération suffit à écarter de notre matière l'application de l'article 1382 du Code civil, qui oblige précisément l'auteur direct du fait délictueux de réparer le préjudice qu'il a causé.

Est-ce à dire qu'en toutes circonstances la personne morale doive échapper à toute responsabilité? Non, on reconnaît généralement que s'il ne peut être question pour elle de réparer un dommage né de son fait personnel, il peut arriver que, dans certains cas et sous certaines conditions, le délit d'un de ses membres engage la responsabilité de la communauté elle-même.

Les personnes morales ont toutes des représentants : le maire, qui agit au nom de la commune, les gérants ou administrateurs qui agissent au nom de la société commerciale, le directeur ou président au nom du syndicat. Or, ces mandataires, chargés des intérêts de l'être collectif, peuvent, dans l'exercice de leurs fonctions, commettre un fait illicite et dommageable. Qui en supportera les conséquences? à qui la partie lésée pourra-t-elle réclamer la réparation qui lui est due? Elle aura certainement la faculté d'intenter une action en dommages-intérêts contre la personne morale dont l'auteur du préjudice n'est que le représentant. En effet l'article 1384 du Code civil dispose que les commettants répondent du fait de leurs préposés. Dans notre hypothèse, il y a bien un commettant, c'est l'être moral; un préposé, c'est le gérant, l'administrateur, organe de la collectivité. Par conséquent, le tribunal, saisi de la demande du plaignant, se bornera à examiner s'il existe, entre l'auteur du fait délictueux et la personne morale, les relations de préposé à commettant qu'exige l'article 1384. Puis, ces rapports une fois constatés, il devra condamner la personne morale à payer à la victime du délit une somme d'argent suffisante pour compenser le dommage éprouvé.

Jusqu'ici l'accord entre les jurisconsultes est unanime. « La disposition de l'article 1384, dit Demolombe, s'applique également aux personnes morales, aux personnes civiles en tant qu'elles doivent être considérées comme maîtres et commettants. A ce point de vue et sous ce rapport, ces personnes ne sont elles-mêmes que de simples particuliers, régies, comme les autres, par le Droit commun (1). »

Cette opinion, sanctionnée souvent par les tribunaux, rallie tous les suffrages. Mais les divergences éclatent dès qu'il s'agit de la motiver, c'est-à-dire d'établir la base juridique de cette responsabilité. On convient communément que les personnes morales sont, au point de vue civil, responsables comme les individus, avec cette seule restriction qu'elles ne peuvent être condamnées à des dommages-intérêts qu'en vertu de l'article 1384. Il est admis d'autre part que l'article 1384 ne fait pas exception au principe de l'article 1382, d'après lequel chacun ne répond que de sa propre faute. Si le maître, dit-on, est responsable du fait de son préposé, c'est qu'il a manqué au devoir de surveillance qui lui incombait ; tout au moins il a mal choisi celui qu'il a sous ses ordres. Il ne devait confier une fonction, donner un ordre qu'à une personne dont il pouvait être sûr, et, comme il avait pleine liberté de bien choisir, il est en faute de ne l'avoir pas fait.

(1) Demolombe, Code Napoléon, *Des cont. et oblig.*, t. VIII, p. 553.

En définitive, c'est l'idée de faute qui explique à la fois la solution de l'article 1382 et celle de l'article 1384.

Ces principes posés, la question apparaît fort simple. Puisque, dans l'hypothèse de l'article 1384, on assimile les personnes morales aux individus, puisqu'on reconnaît qu'à ces deux classes de personnes s'appliquent les mêmes règles, on doit logiquement, pour les expliquer, accepter les mêmes motifs dans les deux cas.

Cependant cette conclusion est énergiquement combattue par les partisans mêmes de la responsabilité civile des personnes morales. Contre elle ils élèvent une objection que nous rencontrerons souvent dans le cours de cette étude. La faute, disent-ils, implique chez le coupable l'intelligence et la volonté ; or, la personne morale ne possède ni l'une ni l'autre de ces deux facultés ; bien mieux, être abstrait, elle n'a aucune existence réelle. J'aborderai plus tard en traitant de la responsabilité pénale, la discussion de cette idée. Je ne fais ici que la mentionner avant d'arriver à l'examen des divers systèmes par lesquels ceux qui repoussent l'idée de faute, ont cherché à indiquer la véritable source de la responsabilité des personnes morales.

Un jurisconsulte belge, M. Haus, donne à ce sujet l'explication suivante : « La responsabilité civile, dit-il, imposée aux êtres juridiques par la loi dans l'intérêt des personnes lésées, n'est pas une obligation principale comme celle des individus qui ont causé le dommage ; elle a seulement le caractère d'un cautionnement légal ; d'où la conséquence que la communauté, qui a payé les dommages-intérêts, peut exercer son recours contre les coupables » (1).

_____

(1) Haus, *Principes généraux de droit pénal belge* (3e édit.), t. I, n° 267.

La pensée de M. Haus, trop brièvement indiquée, est difficile à saisir. Qu'est-ce exactement que ce cautionnement qui sert de base à la responsabilité des personnes morales ? L'auteur néglige de le dire clairement. Ce qui semble ressortir de ses considérations, c'est que l'obligation de réparer le préjudice causé diffère suivant qu'elle atteint l'auteur même du fait dommageable ou le commettant être moral à raison du fait de son préposé ; dans le premier cas, l'auteur de la lésion doit une indemnité parce qu'il a agi sans droit, parce qu'il a commis une faute; dans le second cas au contraire, aucun délit ne pouvant être imputé à la personne morale, celle-ci est responsable parce que la loi en a ainsi décidé, et cette obligation légale ainsi mise à sa charge ne serait autre chose qu'un cautionnement.

En somme, tout cela reste confus et M. Haus, pour faire accepter son opinion, aurait dû la développer d'une façon plus précise et exposer en outre les raisons qui l'ont motivée. Une simple affirmation, dénuée de toute preuve, ne suffit pas pour modifier la règle générale, d'après laquelle l'obligation aux dommages-intérêts repose dans tous les cas sur une faute ou tout au moins sur une négligence. Du reste, dans aucun texte, le législateur ne laisse entendre qu'il y a lieu de distinguer, à ce point de vue, entre les particuliers et les personnes morales. Enfin, il n'est pas nécessaire d'invoquer l'idée de cautionnement pour expliquer le recours possible de l'être moral contre l'auteur du fait dommageable, car dans tous les systèmes, ce recours est admis.

Savigny, qui a étudié longuement la question des personnes juridiques, ne consacre à leur responsabilité civile que de courts développements (1). Il mentionne seulement que les personnes morales peuvent avoir à subir de deux façons différentes les conséquences des délits commis par leurs chefs ou par leurs membres. D'abord, les corporations peuvent être supprimées ou perdre leurs privilèges. Mais ce sont là des actes politiques émanant du souverain et non une véritable peine prononcée régulièrement par le juge. Ensuite la personne morale doit restituer la somme dont la fraude l'a enrichie. C'est donc au principe de l'action *de in rem verso* qu'il faudrait recourir pour motiver l'obligation *ex delicto* qui affecte le patrimoine des personnes morales.

Je ne sais si c'est là la pensée exacte de Savigny ; peut-être a-t-il voulu simplement constater l'application aux êtres juridiques de cette règle d'ordre public d'après laquelle nul ne peut s'enrichir aux dépens d'autrui. L'être moral qui, par le délit d'un de ses membres, s'est procuré un bénéfice illicite, en doit la restitution comme un simple individu. Ce principe est évident, mais sa portée est restreinte et il n'explique pas tous les cas de responsabilité. Il peut arriver en effet — et il arrive souvent — que l'acte illicite n'a été pour la corporation la source d'aucun enrichissement. Comment expliquer alors que la personne morale soit tenue de réparer le préjudice ? Le système de Savigny ne le dit pas ; il faut donc le rejeter comme insuffisant.

Une troisième opinion est présentée par M. Garraud. « Les personnes morales, dit-il, ayant un patrimoine, rien ne s'oppose à ce qu'elles soient tenues de réparer civilement le dommage causé par le délit (2) ». Tout être juri-

(1) Savigny, *Tr. de dr. rom.* (*trad. Guénoux*), t. II, p. 317 et s.
(2) Garraud, *Tr. de dr. pén.* (2e édit.) n° 223.

dique, possédant un patrimoine, est susceptible de supporter les obligations relatives aux biens; il peut par conséquent réparer le préjudice résultant d'un fait délictueux, puisqu'il s'agit là d'une compensation pécuniaire.

Sans doute, l'obligation délictuelle est relative aux biens et l'on ne concevrait pas qu'une pareille obligation fût mise à la charge d'une personne à laquelle la loi aurait refusé le droit de posséder. Mais il ne suffit pas d'avoir des biens pour être condamné à des dommages-intérêts. L'idée de patrimoine et l'idée de payer une somme d'argent sont absolument distinctes, ou du moins la seconde ne découle pas nécessairement de la première; il faut une troisième idée pour les rattacher l'une à l'autre. On a donc tort de dire que le patrimoine engendre certaines obligations; il peut en être l'objet, il n'en constitue jamais la raison d'être. Le Code civil, énumérant les sources d'obligations, ne mentionne en effet que les contrats, quasi-contrats, délits, quasi-délits et la loi.

M. Garraud n'indique pas le motif de l'obligation imposée à l'être moral, il constate seulement sa possibilité d'exécution. Cette confusion entraîne une conséquence qu'il n'a pas prévue, car elle va à l'encontre de son opinion même sur la responsabilité des personnes juridiques en matière pénale. Si en effet « rien ne s'oppose » à ce que les personnes morales soient obligées de payer des dommages-intérêts, rien n'empêche non plus qu'elles soient condamnées à l'amende; car l'obligation résultant d'un jugement qui prononce l'amende est de même nature que l'obligation de réparer le préjudice; toutes deux ont pour objet le payement d'une somme d'argent, et sont par conséquent susceptibles d'être exécutées sur les biens des personnes morales. Comme ce résultat est repoussé par

M. Garraud, il faut en conclure que la corrélation qu'il prétend établir entre l'existence du patrimoine de l'être fictif et la possibilité de l'affecter au payement de dommages-intérêts n'existe pas.

Ce qui le prouve encore, c'est que certaines personnes, ayant un patrimoine, ne sont pas pour cela tenues de compenser par une indemnité pécuniaire le dommage qu'elles ont causé. Pour être responsable de ses actes, il faut les avoir accomplis avec intelligence et volonté. L'enfant, privé encore de discernement, n'aura jamais à réparer le préjudice dont il est l'auteur. Seuls, son père ou sa mère, qui en répondent aux termes de l'article 1384 du Code civil, pourront être condamnés à payer une indemnité compensatoire. Et si, l'enfant n'ayant ni père ni mère, la victime du dommage n'arrive pas à établir que le tuteur a failli à son devoir de surveillance, l'enfant n'aura aucune réparation à fournir, bien qu'il ait un patrimoine. C'est qu'il n'y a pas à la charge de l'enfant la faute qu'exige la loi ; la cause de l'obligation manque.

C'est cette même lacune qu'on peut relever dans le système de M. Garraud. Peut-être a-t-il raison d'affirmer que rien ne s'oppose à ce qu'on applique aux personnes morales les règles ordinaires de la responsabilité civile; mais le motif qu'il en donne est insuffisant et ne saurait suppléer au principe juridique qui doit être à la base de toute obligation.

Ainsi, aucun des auteurs dont je viens d'examiner la doctrine, n'est parvenu à dégager la raison de droit qui a pu déterminer la jurisprudence à reconnaître la responsabilité civile des êtres juridiques. En présence de ces discussions stériles, d'où n'a point jailli la lumière, quelques jurisconsultes ont cru pouvoir affirmer que les tribunaux ont cédé simplement à des considérations d'utilité. De principe juridique il n'en faut point chercher. Si l'être moral est obligé de réparer le préjudice causé par la faute de son représentant, c'est parce que, dans l'intérêt des tiers, il est nécessaire qu'il en soit ainsi. « Autrement, dit Ortolan, il n'y aurait aucune sécurité à traiter, à entrer en relations avec lui, et sa personnification civile elle-même deviendrait impossible » (1).

Le gérant d'une société commet un acte dommageable ; la personne lésée a intérêt à réclamer à une société riche la compensation qui lui est due, au lieu de s'adresser à un individu qui offre de moindres garanties de solvabilité. Mais n'est-il pas injuste de faire supporter à l'ensemble des associés les conséquences d'un délit à l'accomplissement duquel ils ont été étrangers? Non, répond-on ; car la société qui a payé les dommages-intérêts, aura contre le gérant coupable un recours qui — théoriquement du moins — doit la rendre indemne.

En résumé, cette responsabilité ne lèse aucun principe d'équité et elle est nécessaire, si l'on veut donner aux êtres juridiques auxquels elle est imposée la vitalité qui leur est indispensable pour atteindre la fin que la loi leur a assignée.

Cette théorie, qui ne se complique d'aucun argument de droit, a le mérite de la simplicité. L'intérêt des tiers, qui justifie d'autres dispositions légales, peut vraisemblablement suffire à expliquer la solution qui nous intéresse. Cependant, s'il est commode de substituer un motif d'utilité à une raison de droit, il s'agit de savoir si l'on peut se contenter de cette substitution et ne pas craindre, en

(1) Ortolan, *Et. de dr. pén.* (4ᵉ édit.), t. I, p. 199.

favorisant les tiers, de léser les intérêts de la personne morale. Sans doute l'intérêt des tiers est à considérer et le législateur ne doit jamais le perdre de vue. Mais dans la question qui nous occupe, il y a un autre intéressé : l'être moral. Or, l'insolvabilité qu'on redoute chez l'auteur du fait dommageable et contre laquelle, dit-on, on a voulu protéger les tiers, existe également à l'égard de la collectivité. Par conséquent le recours, qui doit l'indemniser complètement, sera le plus souvent illusoire, de sorte qu'en définitive, c'est la corporation elle-même qui supportera la condamnation aux dommages-intérêts.

Ainsi la victime du préjudice a presque toujours la certitude d'obtenir une exacte compensation, tandis que la corporation qui la lui fournit risque fort de ne jamais rien recevoir de l'auteur du fait délictueux. Est-il juste que, dans un conflit d'intérêts de même nature, les uns soient totalement sacrifiés et les autres complètement sauvegardés ?

On aboutit ainsi à créer une charge qui peut, dans certains cas, devenir onéreuse pour la personne morale dont le patrimoine sera de ce chef notablement amoindri. Si un tel sacrifice est nécessaire pour assurer aux tiers une sécurité parfaite, il constitue pour la collectivité une injustice réelle et un grave danger.

Puisque, dans la théorie que je combats, aucune faute ne peut être imputée à la corporation, est-il équitable de faire supporter aux associés innocents les conséquences pécuniaires d'un acte illicite auquel ils n'ont participé en aucune façon ? D'autre part, en grevant le patrimoine commun d'une charge aussi lourde, on arrive à restreindre les ressources de la personne morale et par suite sa vitalité qu'on prétend sauvegarder. De peur de compromettre les biens qu'ils doivent administrer, les membres, chargés de traiter au nom de la communauté avec les tiers, garderont une prudente réserve et leur inaction, exclusive de tout danger, sera pour la corporation, dont la vie juridique restera paralysée, aussi funeste que les abus délictueux entraînant des condamnations qui absorberaient la totalité ou une partie de son patrimoine.

La théorie qui s'appuie, pour justifier la responsabilité civile des personnes morales, sur des motifs d'utilité, n'est donc, malgré sa séduisante simplicité, pas plus satisfaisante que les systèmes précédemment discutés.

Est-ce à dire que le problème soit insoluble?

La responsabilité, dit-on, est toujours basée sur la faute. Philosophiquement, cette proposition est exacte. Mais, au point de vue légal, en est-il toujours ainsi et notamment dans l'hypothèse de l'article 1384, dont on applique la disposition aux personnes morales? Sans doute, la victime du dommage qui invoque, pour obtenir réparation, l'article 1384 doit prouver que son droit a été violé, c'est-à-dire que l'auteur du fait dommageable a commis un délit, une faute; à défaut de cette preuve, elle verra sa demande rejetée. Mais le commettant lui-même, obligé de payer des dommages-intérêts pour compenser le préjudice causé par son préposé, aura-t-il toujours une faute ou au moins une négligence à se reprocher?

Le patron peut choisir ses employés comme il l'entend; le maître peut prendre pour domestique la personne qu'il lui plaît. Mais la plus élémentaire prudence leur commande de ne pas confier le soin de leurs affaires à un individu quelconque, dont ils ignorent à la fois les aptitudes et la moralité. Ils ne porteront leur choix que sur

une personne offrant de sérieuses garanties. Quant aux
précautions qu'ils ont à prendre, elles varient suivant les
circonstances ; dans tous les cas, c'est l'usage qui les leur
indiquera ; le plus souvent ils s'en rapportent aux déclarations des anciens maîtres ou patrons sur la conduite de
ceux qu'ils ont eu autrefois sous leurs ordres.

En agissant ainsi, le maître, le commettant se condui-
sent, pour employer les expressions souvent écrites dans
la loi, *comme un bon père de famille.* Cette façon d'agir
est, si l'on peut ainsi parler, la vertu légale, la sagesse
moyenne que la loi exige dans les relations juridiques
entre les individus. Si un commettant n'apporte pas au
choix de ses préposés ces précautions normales, on peut
le lui reprocher et trouver dans sa négligence le principe
d'une faute engendrant sa responsabilité. Mais le législateur, qui statue *de eo quod plerumque fit,* n'a pas pu
supposer cette négligence. Et même l'eût-il supposée, il
aurait du moins permis au commettant mis en cause de
se justifier pour repousser l'action en dommages-intérêts
intentée contre lui.

La disposition de l'article 1384 n'autorise pas cette justification. La personne lésée, je le répète, n'a qu'à prouver que le préposé a, dans l'accomplissement des devoirs
inhérents à sa charge, commis un fait délictueux qui a
causé un préjudice. Une fois le dommage établi et le délit
constaté, le commettant sera condamné à réparation, sans
qu'il puisse invoquer aucun moyen de défense qui le mette
hors de cause.

C'est également faire abstraction de la réalité que
d'affirmer que le maître doit surveiller constamment ses
domestiques, le patron ses employés. Ceux qui ont des
subordonnés à leur service sont évidemment les premiers

intéressés à se rendre compte de la façon dont ce service est accompli. Mais on ne peut exiger de leur part un contrôle permanent ; l'impossibilité d'une pareille tâche n'a pas besoin d'être démontrée. La vigilance d'un patron, quelque active qu'elle soit, ne peut prévenir toutes les fautes de ses employés.

Ajoutons que cette obligation de surveillance se conçoit plus difficilement encore pour une personne morale ; on ne voit guère qu'un moment où une société commerciale anonyme, par exemple, peut contrôler les agissements de ses administrateurs ou gérants ; c'est lorsque ceux-ci soumettent à l'examen de l'Assemblée générale les comptes divers de leur gestion.

Par conséquent, ni le libre choix du commettant, ni la surveillance qu'il doit exercer ne peuvent expliquer sa responsabilité à raison du fait de son préposé.

Le vrai motif sur lequel est fondé l'article 1384 me paraît se trouver dans la situation juridique du préposé à l'égard des tiers. Vis-à-vis d'eux en effet, il est un simple représentant, un intermédiaire agissant pour le compte de la personne, individu ou association, qui lui a confié la direction de ses intérêts. Dans l'exercice de ses fonctions, le domestique représente le maître ; dans le cours de leur gestion, l'administrateur, le gérant représentent le syndicat, la société. Il n'y a pas pour les tiers un préposé et un commettant, mais une personne unique qui, ne pouvant agir elle-même, emprunte, pour la commodité de ses relations, le concours d'une autre personne.

En définitive, il y a une sorte d'identification entre le maître et son domestique, entre la société et le gérant, de telle sorte que les actes du domestique sont les actes mêmes du maître, ceux du gérant, ceux de la société. Dès

lors, il est logique que le commettant se trouve obligé
vis-à-vis des tiers par le fait de son préposé.

On ne conteste pas cette solution lorsqu'il·s'agit d'un
contrat passé par un mandataire quelconque ; les obligations qui en résultent atteignent le mandant seul et non
celui qui a traité, en son nom. Pourquoi en serait-il
autrement quand, en sa qualité de représentant, le préposé
a commis un fait illicite et dommageable ? C'est bien le
commettant qui, vis-à-vis des tiers, est l'auteur du préjudice, c'est lui qui doit le réparer.

Et qu'on n'objecte pas qu'on ne peut donner mandat à
une personne d'accomplir un fait illicite, un tel acte étant
nul en droit et par conséquent non susceptible de donner
naissance à une obligation. Quand un mandataire, à
l'occasion même de l'acte juridique qu'il doit faire au
nom de celui pour le compte duquel il agit, use de
manœuvres frauduleuses ou dolosives, c'est le mandant
qui doit en supporter les conséquences ; et ce résultat est
logique puisque, vis-à-vis de la partie lésée, c'est le
mandant lui-même qui s'est rendu coupable de la fraude
ou du dol.

Il n'y a pas de raison pour qu'il en soit autrement quand
le préposé, dans le cours de sa gestion ou l'exercice de
son emploi, cause un dommage à un tiers. Dans les deux
cas, on trouve une faute, dol ou délit, commis par un
intermédiaire dans les mêmes circonstances ; si le commettant doit subir les conséquences du dol ou de la
fraude de son préposé, il doit également fournir réparation de la lésion produite par les agissements délictueux
de ce même préposé.

Quant au recours de la corporation contre celui de ses
membres qui a déterminé le préjudice, il est facile de

l'expliquer par la seule application des principes de droit commun.

La corporation et son représentant sont liés par une convention expresse ou tacite, qui règle leurs engagements respectifs et oblige notamment le représentant de s'abstenir de tout fait délictueux. En réalisant le délit qui a engagé la responsabilité civile de l'association, le préposé a mal rempli son obligation ; il a violé la loi du contrat ; il doit tenir compte du dommage qui en est résulté pour la communauté elle-même.

En résumé la personne morale est responsable aux termes de l'article 1384, parce que la faute accomplie par son représentant est considérée comme la sienne propre.

Cette solution ne peut satisfaire les jurisconsultes qui prétendent que la personne morale, être dépourvu de volonté, est incapable de commettre un délit. Cependant c'est bien à cette explication qu'il faut aboutir. La théorie adverse a le tort de s'attacher exclusivement à la fiction et de laisser de côté l'élément réel des personnes morales.

« La loi, en créant une personnalité nouvelle à côté des personnes physiques, dit fort bien M. Willems, lui a donné une existence complète, l'a munie de moyens d'action, au même titre que toute personne. Ne pas admettre cette solution, c'est refuser toute existence à la personne morale. Jamais en réalité, l'être fictif ne peut agir par lui-même. Tous ces actes, aussi bien légaux qu'illicites et dommageables, sont posés par des mandataires, auxquels la personne morale est censée avoir donné pleins pouvoirs quand ils agissent en son nom, au point que les actes de ceux-ci constituent les actes de la personne morale elle-même; elle y consent, elle doit en supporter les conséquences.....

« Objectera-t-on que la personne morale n'ayant d'existence que par la loi, ne peut mal faire ? La loi, en créant les personnes morales, les a mises sur le même pied que les personnes physiques. Les mêmes obligations leur incombent. La capacité des personnes morales est la faculté pour elles d'exercer les mêmes droits et d'être tenues aux mêmes obligations que les particuliers. On ne peut concevoir un être possédant des droits sans être tenu à des obligations corrélatives..... L'assimilation juridique de la personne civile à la personne physique est complète » (1).

Cette théorie contient implicitement la solution d'une dernière question relative à la responsabilité civile des êtres juridiques.

J'ai dit plus haut que la plupart des auteurs basent uniquement cette responsabilité sur l'article 1384 du Code civil ; la personne morale ne peut répondre que des actes de ses représentants et non de ses propres actes. Cette exclusion systématique de l'article 1382 ne paraît pas fondée. Sans doute un être fictif ne peut exécuter matériellement aucun acte, quel qu'il soit ; et en ce sens, il est exact de dire que la personne morale est incapable de commettre un fait illicite. Mais la volonté des membres d'une corporation peut se manifester de telle sorte qu'on la doive considérer comme la volonté de la corporation elle-même.

Les associations de personnes ont toutes leurs réunions, leurs assemblées où sont présentées les propositions intéressant les associés ; chacun d'eux peut les discuter et

_____

(1) Willems, *Rev. gén. du droit*, 1893, p. 110.

émettre son opinion. Les avis exprimés et les votes émis aboutissent à des décisions qui sont, non pas les résolutions d'un certain nombre d'associés, mais l'expression de la volonté de la collectivité.

Supposons que les membres d'une corporation aient résolu dans ces conditions l'accomplissement d'un fait illicite. Si l'un quelconque de ses membres commet cet acte, peut-on dire qu'il n'y a là qu'un délit individuel, n'engageant que la propre responsabilité de celui qui l'a exécuté? Non, l'auteur matériel du fait illicite n'a été que l'instrument, l'organe de l'association; c'est l'être moral lui-même qui a voulu l'acte délictueux; à ce titre il est responsable du dommage, aux termes de l'article 1382.

Cette hypothèse, bien qu'aboutissant au même résultat: la condamnation de la personne morale à des dommages-intérêts, est distincte de celle prévue par l'article 1384. Le gérant d'une société commet sans droit un préjudice dans l'exercice de sa gestion ; la société est tenue de le réparer, parce qu'il résulte du fait de son représentant légal, parce qu'il y a entre l'auteur de l'action dommageable et la société les rapports de préposé à commettant (art. 1384). Au contraire, pour que s'applique la disposition de l'article 1382, il n'est pas nécessaire que l'acte illicite ait été accompli par le représentant de la corporation, agissant dans les limites de son mandat; il suffit qu'il y ait corrélation entre la perpétration du fait dommageable voulu par la corporation et son exécution par l'un quelconque de ses membres.

Ainsi, c'est par l'application des principes de droit commun qu'il convient de résoudre la question de la responsabilité civile des personnes morales. En instituant ces êtres juridiques, le législateur n'a pas entendu en faire de pures abstractions ; il leur a donné la vie et les moyens de la manifester en leur reconnaissant des droits. Mais, comme les particuliers, les personnes morales peuvent en faire un bon ou un mauvais usage, et si, dans ce dernier cas, elles occasionnent un préjudice, soit directement, soit par l'intermédiaire de leurs représentants, elles doivent le réparer. En définitive, la faute est à la base de leur responsabilité civile, comme elle est à la base de la responsabilité des individus.

CHAPITRE II

RESPONSABILITÉ PÉNALE DES PERSONNES MORALES

Nous venons de voir que la majorité des auteurs et avec eux la jurisprudence s'accordent à reconnaître qu'un acte illicite peut, au point de vue civil, être imputé à une collectivité personne morale. Par contre, tandis que les décisions des tribunaux affirment l'irresponsabilité absolue des personnes morales, au point de vue pénal, les opinions des jurisconsultes sont divisées sur la question de l'imputabilité des délits aux corporations.

Ces divergences étonnent et l'on éprouve quelque difficulté à les expliquer logiquement. Dans tous les cas, en effet, la responsabilité a la même origine, le même fondement; elle suppose toujours une faute, une faute volontaire. Il n'y a pas lieu de distinguer, sous ce rapport, entre la responsabilité civile et la responsabilité pénale. On punit un individu parce qu'il est *coupable* d'avoir enfreint les prohibitions de la loi pénale, de même qu'on le condamne à des dommages-intérêts parce qu'il est *coupable* de n'avoir pas respecté le droit de celui à qui il a causé un préjudice.

Si donc on reconnaît qu'une personne morale peut commettre une faute de nature à engendrer sa responsabilité civile, pourquoi ne pas admettre qu'elle est capable d'accomplir un fait incriminé et puni par la loi répressive?

Notre Code pénal est muet sur la question. Les tribunaux, je l'ai dit, interprètent son silence en ce sens que, les personnes civiles n'étant pas expressément nommées parmi les personnes punissables, seuls les individus peuvent se rendre coupables d'un délit et être assujettis à une peine ?

Les jurisconsultes, qui se rallient à la doctrine de la jurisprudence, invoquent à l'appui de leur opinion, non des arguments de droit positif, mais des considérations philosophiques qui peuvent toutes se ramener à cette double idée : la culpabilité, impliquant nécessairement la volonté, ne peut se rencontrer que chez les personnes physiques ; d'autre part, le plus grand nombre de peines qui figurent dans notre système pénal, sont inapplicables aux êtres juridiques qui, à raison de leur nature idéale, ne peuvent pas subir un châtiment corporel.

Etre responsable, c'est pouvoir donner les motifs de ses actes et en accepter les conséquences. Sans l'intelligence qui discerne, sans la volonté qui se détermine et agit, il n'y a pas de responsabilité. On ne peut imputer un délit à une personne que sous une double condition : il faut que cette personne ait voulu accomplir le fait incriminé et qu'elle l'ait commis librement. La volonté intelligente et libre est un élément essentiel de l'infraction ; sans elle il n'y a pas de délit possible et la question de responsabilité ne peut pas se poser. Il faut conclure de là que seuls les êtres humains peuvent se rendre coupables d'un délit et être condamnés à une peine, puisqu'ils sont seuls capables d'agir en pleine connaissance de cause et en toute liberté.

La personne morale étant au contraire une abstraction,

une entité dépourvue de toute faculté, ne pourra jamais commettre une action punissable. Si ses représentants ou quelques-uns de ses membres violent la loi pénale, eux seuls sont responsables et doivent supporter personnellement la peine attachée par la loi à l'infraction dont ils sont les auteurs. Admettre une autre solution, atteindre l'être collectif par un châtiment spécial serait méconnaître la nature vraie de la personne juridique et apporter une exception injustifiée à la règle fondamentale de notre droit criminel, d'après laquelle on n'est pas pénalement responsable du fait d'autrui.

Cette objection fort spécieuse repose, semble-t-il, sur une idée, sinon inexacte, du moins incomplète. La personne morale est une institution d'un caractère mixte, un mélange de réalité et de fiction. Quand on discute à propos des êtres juridiques, il est de toute évidence qu'il ne faut jamais perdre de vue ce double élément, sous peine de raisonner à faux et d'aboutir à des conclusions erronées. Or, c'est bien le vice d'argumentation qui apparaît dans l'objection que j'examine.

Les auteurs qui l'invoquent s'attachent exclusivement au côté fiction et ne tiennent aucun compte de l'élément réel. Si l'on voit dans la personne morale un être purement abstrait, son nom n'a aucune signification ; il n'évoque dans l'esprit rien de vivant ; ce n'est pas même un mannequin, comme on l'a dit à propos de l'État (1), c'est le néant. L'effort qu'on produit pour établir son irresponsabilité est bien inutile, la question ne se pose pas. La même question au contraire peut être sérieusement discutée si l'on envisage la personne morale, telle qu'elle

____

(1) M. Sainctelette.

existe dans notre droit, avec son double caractère d'être réel et fictif.

Il me paraît essentiel, pour ne pas compliquer le problème, de distinguer tout d'abord parmi les êtres juridiques, entre ceux qu'on appelle les *fondations* et ceux qu'on désigne sous le nom de *corporations*.

La fondation (établissement de bienfaisance, par exemple) est la personnification d'une idée, d'un but à atteindre. Une telle personne morale existe en dehors de toute réunion d'individus. Bien entendu, l'intervention de personnes physiques est nécessaire pour réaliser le but ainsi personnifié ; mais ces personnes physiques ne sont que des auxiliaires, des instruments ; elles ne font point partie intégrante de l'être moral, elles n'en constituent pas un élément essentiel.

La volonté ne peut donc pas se rencontrer chez un être de cette nature ; par conséquent on ne voit pas comment il pourrait se rendre coupable d'un délit. Si le représentant, l'organe de la personne morale commet une infraction, il n'engage que sa propre responsabilité. Sans doute, il peut obliger la personne morale par ses contrats, mais ce ne peut être pour ce motif que la personne morale a une volonté. Ici, tout est de pure création, et il ne faut pas chercher à cette solution d'autre raison que la volonté même du législateur, qui l'a établie par nécessité.

Aussi semble-t-il conforme à la nature des fondations de décider qu'elles ne jouissent que des droits qui leur ont été accordés par la loi, comme étant indispensables à la réalisation de leur fin. Pour cette catégorie d'êtres juridiques, l'effet de la personnification est de donner à certaines personnes le droit d'engager par des actes déter-

minés la personne morale elle-même, ou mieux le patrimoine qu'elle peut posséder.

Au contraire, l'influence de la fiction, c'est-à-dire de la
volonté seule du législateur, est presque nulle dans l'institution des corporations. Celles-ci supposant nécessairement
une réunion d'individus, il n'y a pas de personnification
proprement dite, mais plutôt une fusion des individualités
existantes. Le but de la loi, en faisant d'une collectivité
une personne morale, est d'unifier les éléments divers qui
la composent, mais sans en changer la nature, de telle
sorte qu'il n'y a plus qu'une seule personne, douée des
mêmes droits et soumise aux mêmes obligations que les
individus eux-mêmes.

Il n'y a pas création d'un être spécial, mais concen-
tration des droits individuels. A vrai dire, la personnification n'est ici qu'un « instrument technique, des-
tiné à remédier aux difficultés que créerait pour les
rapports avec les tiers la participation directe des nombreux intéressés à l'exercice des droits et des obligations
qui leur sont communs » (1).

En définitive, on se trouve en présence d'une seule
personne, l'être collectif, pourvue des mêmes facultés, des
mêmes moyens d'action que chacun des individus pris
isolément. Une double restriction s'impose cependant qui
diminue cette capacité : la corporation ne peut pas être
titulaire de droits qui seraient incompatibles avec son
caractère d'être fictif ; en second lieu, elle ne peut exercer
les droits dont elle a été privée par un texte formel.

La nature des collectivités corporatives étant ainsi dé-

(1) E. Cassagnade, *De la personnalité civile des soc. civ. et
comm.*, p. 120.

terminée, leur capacité de délinquer ne semble plus contestable. L'être moral a une volonté et il peut la manifester
dans un sens criminel aussi bien qu'en un sens légal.

Un des criminalistes les plus en vue de l'Allemagne,
Liszt, soutient que le délit des corporations est juridiquement possible. « D'une part, les suppositions pour la capacité des corporations dans le domaine du droit pénal,
dit-il, ne sont point au fond autres que dans le domaine
du droit civil. Celui qui peut conclure des contrats peut
aussi faire des contrats usuraires, ou ne pas tenir les
prestations promises. D'autre part, la corporation est
titulaire de droits qui peuvent être, à titre de peine,
amoindris ou supprimés » (1).

Nous allons rechercher par l'analyse des faits juridiques,
contrats et délits civils, qui engagent la responsabilité de
la corporation, si Liszt a raison d'assimiler la capacité des
collectivités au point de vue civil et au point de vue
pénal.

Les personnes morales peuvent contracter et elles sont
liées par leurs contrats comme de simples particuliers ;
sur ce point la loi ne les soustrait par aucune disposition
à l'application des principes de droit commun. Or, aux
termes de l'article 1108 du Code civil, il faut, pour qu'un
contrat soit valable, le consentement de la partie qui
s'oblige. Par conséquent, si la corporation se trouve liée
par le contrat, fait en son nom par son représentant, c'est
qu'elle a par l'intermédiaire de ce dernier, manifesté son
propre consentement. Quant au représentant, il n'est point
partie au contrat ; son rôle est celui d'un simple mandataire, chargé d'exprimer la volonté du mandant.

(1) Franz von Liszt, *Lehrbuch des deutschen Strafrechts* (8ᵉ édit.),
§ 26, II.

Il n'y a pas cependant à proprement parler, de volonté de la corporation, mais les individus, dont l'ensemble constitue la personne morale, en choisissant un gérant, un administrateur, ont en quelque sorte délégué leur volonté à celui qui est devenu l'organe de la corporation; les individualités s'effacent, il n'y a plus de volonté personnelle à chaque membre, mais une union de facultés tendant au même but, une volonté commune dont le représentant est le dépositaire, et qu'il manifeste toutes les fois qu'il agit pour le compte de l'être collectif.

Puisque la personne morale a une volonté pour contracter, pourquoi en manquerait-elle pour commettre un délit? On ne peut lui accorder l'une sans l'autre, ou plutôt, admettant l'existence de la volonté chez l'être juridique, il faut logiquement lui reconnaître le pouvoir de la manifester de façons différentes.

Une fois le contrat formé, la personne morale est tenue d'accomplir l'obligation à laquelle elle s'est soumise volontairement. Si son représentant, qui doit contribuer à l'exécution comme à la formation du contrat, ne fournit pas la prestation promise, le tiers créancier de l'obligation intentera contre la personne morale, représentée par le gérant, l'administrateur, une action pour la contraindre à remplir son engagement ou la faire condamner à des dommages-intérêts.

Ce résultat prouve que la violation du contrat est bien imputable à la corporation; la rupture d'un engagement librement consenti est une faute qui engage sa responsabilité.

On dit, il est vrai, qu'il s'agit là d'une faute spéciale, toute différente de celle qui constitue le délit de l'article 1382. Mais cette théorie est discutée; on a même tenté de démontrer que l'appréciation de la faute et des conséquences qui en résultent, est toujours soumise, en matière de contrats comme en matière de délits, aux règles contenues dans les articles 1382 et suivants du Code civil (1).

Quoi qu'il en soit, et en admettant qu'il y ait entre la responsabilité contractuelle et la responsabilité délictuelle des différences certaines qui empêchent de les assujettir aux mêmes règles, il n'en est pas moins vrai « qu'il n'est pas plus permis aux parties d'enfreindre la loi particulière qu'elles ont volontairement acceptée, que de ne pas observer la loi générale édictée par le législateur » (2), et la personne morale qui ne respecte pas les dispositions contractuelles par lesquelles elle se trouve liée, se rend coupable d'une véritable faute.

Une autre hypothèse, indiquée par Liszt, met plus encore en évidence la possibilité pour les corporations de délinquer. Lorsque le contrat qui intéresse la collectivité est, par le fait du représentant, entaché de dol ou de fraude, c'est la collectivité qui supporte les conséquences des vices du contrat. Cette solution reste inexplicable si l'on refuse à la personne morale la capacité de commettre une faute. En effet, si les manœuvres frauduleuses ou dolosives étaient considérées comme le fait du mandataire lui-même, c'est lui qui devrait en répondre à l'égard des tiers qui en ont été victimes. Et il importe peu de prétendre qu'il s'agit dans ce cas d'une modification inséparable de l'obligation principale; cette modification n'en est pas

---

(1) Voir Lefebvre, *De la responsabilité, délictuelle, contractuelle* (Rev. crit. de lég. et de jurisp., 1886, p. 485 et s.)

(2) Lefebvre, *op. cit.*, p. 486.

moins délictueuse, c'est un acte illicite qui ne peut être imputé qu'à celui qui en est l'auteur.

Enfin je rappelle pour mémoire qu'il existe à la charge des personnes morales une responsabilité délictuelle au sens de l'article 1382. J'ai constaté précédemment le résultat négatif des diverses théories par lesquelles certains jurisconsultes ont vainement tenté de baser cette responsabilité sur un principe autre que celui de la faute de la personne responsable.

En somme, les conséquences de l'acte accompli par l'organe de l'être moral, soit en cas de contrat, soit en cas de délit civil, retombent sur la collectivité ; pourquoi en serait-il autrement quand il s'agit d'une infraction pénale ?

Pour préciser ma pensée, je choisis un exemple. Une société se forme dans le but de faire des opérations de banque. Une fois l'association établie conformément aux prescriptions légales, le gérant qui la représente consent des prêts à un taux supérieur à celui qu'autorise la loi. A qui imputera-t-on ce délit d'usure ? Qui sera poursuivi et puni ? Dans tous les cas, c'est contre le gérant que sera intentée l'action publique, contre lui par conséquent que la condamnation sera prononcée.

Ce résultat est conforme à la stricte équité, si le gérant a commis le délit spontanément, de son propre chef, à l'insu des membres de la société ; sa responsabilité seule est en jeu. Mais l'examen des faits peut révéler une autre culpabilité. Il en est ainsi quand le délit apparaît dans une décision collective des associés, quand, notamment, il est établi que les tarifs usuraires ont été élaborés en commun. Les prêts réglés sur ces tarifs font partie des opérations normales de la société ; ce sont des actes de l'association tout aussi bien que ses autres opérations qui ont un carac-

tère absolument licite. Et lorsque le gérant consent des
prêts de cette nature, il ne fait que réaliser en somme la
volonté de la société, sa résolution d'enfreindre la loi
pénale.

C'est donc à l'être collectif que doit être imputé le délit,
c'est lui qui est coupable, puisque c'est en sa personne
que se trouve l'élément moral de l'infraction, la volonté
criminelle. Le gérant a été, comme dans l'hypothèse d'un
contrat, un auxiliaire nécessaire qui a prêté son concours
à un être incapable d'agir par lui-même ; il a été le co-
auteur du délit.

Comme le remarque justement Liszt, « la notion de
l'acte avec tout ce qui s'y rapporte ne peut être appliqué
qu'indirectement au délit de la corporation. Mais l'acte
physique est remplacé par l'acte de l'organe artificiel et,
de même que l'acte de cet organe a la puissance de produire des effets dans le domaine du droit civil et du droit
public, pour ou contre la corporation, de même il faut
qu'il puisse en produire dans le domaine du droit
pénal » (1).

Que le gérant soit traduit devant les tribunaux, cela se
conçoit, puisque c'est lui qui a effectivement réalisé le
délit ; mais dès qu'il est prouvé qu'il n'a été qu'un instrument, que son acte extérieur était la traduction d'une
volonté qui n'est pas la sienne, c'est l'entité qui correspond à cette volonté qu'il faut atteindre, car « il est contraire au sentiment de la justice et au fondement de la
politique criminelle, de laisser le véritable coupable libre
de peine et d'infliger à l'organe d'une volonté étrangère
la pleine et entière responsabilité » (2).

(1) Liszt, *loc. cit.*
(2) Liszt, *loc. cit.*

Un dernier argument qu'on produit en faveur de l'irresponsabilité des personnes morales est l'impossibilité de
leur faire subir une peine, un châtiment matériel. On
peut observer tout d'abord qu'une impossibilité de fait ne
peut pas détruire le principe même de l'application des
délits et des peines. Mais, en outre, l'impossibilité qu'on
invoque n'est pas générale; elle ne vise que certaines
peines, les peines corporelles qui ne peuvent atteindre
évidemment que les personnes physiques, de même que
certains droits, à raison de leur nature, ne peuvent appar-
tenir qu'aux individus. Sans doute, on ne conçoit guère
une personne morale condamnée à l'emprisonnement,
aux travaux forcés ou à la réclusion. Mais de ce que certaines peines sont inapplicables aux personnes morales,
doit-on conclure que celles-ci ne peuvent pas être punies?

Les collectivités qui jouissent de la personnalité civile
ont des droits et possèdent des biens distincts de ceux de
leurs membres. On peut donc, d'une part, leur infliger la
privation totale ou partielle de leurs droits et, d'autre part,
diminuer ou anéantir leur patrimoine au moyen de
l'amende ou de la confiscation.

Il convient d'observer que, parmi les droits qui appartiennent à un être moral, il en est d'essentiels, de primor-
diaux, tels que le droit de contracter ou d'ester en justice.
Priver la personne juridique d'un seul de ces droits serait
lui enlever un moyen d'action de première nécessité; une
peine de ce genre serait en réalité une dissolution dé-
guisée.

Que deviendrait une société commerciale, par exemple,
qu'un jugement aurait privée du droit de conclure des
contrats ou du droit de posséder? Dépourvue d'une faculté indispensable à son fonctionnement, elle disparaî-

trait d'elle-même. De même, un syndicat professionnel
devenu, par suite d'une condamnation, incapable d'ester
en justice, ne pourrait plus sans danger entrer en' relations avec les tiers. Ses débiteurs pourraient impunément
ne pas tenir leurs engagements, puisque le groupe syndical n'aurait pas d'action pour les contraindre à les
exécuter. Lésé dans ses intérêts, il n'aurait pas le pouvoir de réclamer devant les tribunaux la compensation à
laquelle il a droit. Le syndicat serait donc en définitive
frappé d'une véritable déchéance dont l'effet serait d'entraver son fonctionnement, d'emprisonner son action dans
un réseau de difficultés telles qu'il ne pourrait plus
atteindre le but en vue duquel il a été constitué.

Cependant certains droits seraient susceptibles d'être
enlevés aux personnes morales, sans que cette suppression aboutisse à l'anéantissement de l'être juridique. Aux
termes de la loi du 5 avril 1898; il est institué un Conseil
supérieur des sociétés de secours mutuels, composé de
trente-six membres. Les sociétés de secours mutuels ont
le droit d'y envoyer dix-huit délégués; les syndicats mé-
dicaux ont également la faculté d'élire un représentant
(art. 34). Par application de l'article 42 du Code pénal, ne
pourrait-on pas dépouiller ces corporations de leur droit
d'élection? L'article 4 de la loi du 19 avril 1898 permet,
dans certains cas, au juge d'instruction de confier la
garde d'un enfant à une institution charitable. Un jugement ne pourrait-il pas interdire à une association de
recevoir jamais la garde d'un enfant? Enfin citons comme
une pénalité qui aurait un sûr effet, l'incapacité de
recevoir à titre gratuit (loi du 31 mai 1854, art. 3).

On peut encore indiquer, dans un autre ordre de peines,

applicables aux personnes morales, les mesures de publicité de la condamnation pénale (art. 36, C. pén.).

Quant aux biens qui forment le patrimoine de l'être collectif, ils pourraient être soumis à deux peines de gravité
différente : amoindris par l'amende ou absorbés en totalité
par la confiscation.

Dans notre législation actuelle, une seule mesure peut
être prise contre la personne morale : la dissolution, c'est-
à-dire la suppression de l'être juridique. Est-ce une véritable peine corporative ou plutôt une mesure administrative dont l'Etat peut user à son gré contre les collectivités ? C'est là une question importante que j'étudierai à
propos des syndicats professionnels.

On a prétendu, d'ailleurs, qu'une peine, quelle qu'elle
soit, infligée à la personne morale, manquerait son but.
Si un délit est imputable à l'être juridique, c'est lui qui
doit subir la sanction pénale de la loi. Mais « frapper la
personne morale, ce serait en réalité frapper des individus ;
la responsabilité d'un être abstrait est une fiction ; ce qui
existe, c'est la responsabilité de ses membres. Or, le droit
criminel n'admet pas de fictions, car sous les fictions
vivent et agissent des personnes physiques et ce serait
sur ces personnes physiques que porterait, en dernière
analyse, l'incidence de la peine » (1).

Nous l'avons dit déjà, la peine corporative est possible
parce que le délit collectif est lui-même réalisable ; si
l'être moral est punissable, c'est parce qu'il est capable
de délinquer. Sans doute les conséquences de la peine
infligée à la collectivité retomberaient en définitive sur
ses membres. Mais ce résultat est parfaitement explicable.

---

(1) Garraud, *op. cit.*, t. I, p. 314.

Les effets de tous les actes de la corporation se réalisent en la personne même des individus qui en font partie. Lorsqu'une personne morale conclut un contrat, les avantages qui en résultent profitent à ses membres. De même, lorsqu'une collectivité se rend coupable d'un acte délictueux de nature à engager sa responsabilité civile, les personnes physiques qui la composent en subissent les conséquences, dans la mesure où leurs ressources communes sont diminuées par la condamnation de l'être collectif à des dommages-intérêts. En infligeant une amende à la corporation, on n'atteindrait pas un résultat différent.

Ainsi que le dit M. Garraud, sous les fictions vivent et agissent des personnes physiques, mais il ne faut point restreindre la portée de cette vérité. De même qu'elle permet de comprendre comment ces personnes physiques jouissent des avantages résultant d'un contrat conclu par un être moral, de même elle explique comment elles peuvent être atteintes par la peine correspondant au délit imputable à ce même être moral (1).

De cette discussion il ressort que les arguments sur lesquels on prétend établir l'impossibilité d'imputer un délit et d'appliquer une peine à une personne morale n'ont pas la portée qu'on cherche à leur donner. On peut, au contraire, conclure avec Liszt que « la reconnaissance de la criminalité des corporations dans les limites de leur capacité et la punition des corporations en tant que titulaires

(1) V. Ach. Mestre, *Les pers. mor. et le prob. de leur resp. pén.* (Paris, 1899), p. 282.

personnelles de droits apparaissent comme aussi possibles, que rationnelles » (1).

(1) Liszt, *op. cit.*, p. 115. — La doctrine de la responsabilité des personnes morales compte de nombreux partisans en Allemagne, notamment F. Dahn, *Vernunft im Recht*, p. 168; Beseler, *Volksrecht und Juristenrecht*; Gierke, *Die Genossenschafstheorie*, t. II, p. 522. — Elle domina du reste tout le Moyen-Age allemand et était depuis Bartolus l'opinion commune du droit pénal. Il en est ainsi chez Gundling, Engau, Koch, Leyser, Böhmer, etc... C'est seulement vers la fin du siècle précédent que, sous l'influence de Savigny, l'opinion adverse prend le dessus.

CHAPITRE III

NOTIONS HISTORIQUES. — LÉGISLATION ET JURISPRUDENCE ACTUELLES

La théorie de la non responsabilité des êtres juridiques qu'on proclame volontiers comme une vérité première est cependant une doctrine récente. Dans l'antiquité, au Moyen Age et même plus tard jusqu'à la Révolution, on rencontre soit des coutumes, soit des actes législatifs qui sont autant d'applications plus ou moins précises du principe de la capacité délictuelle des collectivités.

Toutefois, il convient de laisser à l'écart, comme n'étant pas de véritables peines corporatives, toute une catégorie de mesures répressives prises contre certaines villes ; ces actes sont plutôt des nécessités de guerre, des châtiments inspirés surtout par un intérêt politique. Tel est le traitement que les Romains infligèrent à la ville de Capoue, leur alliée infidèle, qui s'était rendue à Annibal (1). L'époque révolutionnaire nous offre un acte de répression du même genre dirigé contre la ville de Lyon qui avait résisté en 1793 aux troupes de la Convention. Le décret du 21 vendémiaire an II (12 octobre 1793) déclare la ville coupable

(1) Tite-Live, XXVI, 16.

de rébellion et ordonne la dispersion de ses habitants et la démolition de ses maisons.

La responsabilité collective apparaît tout d'abord dans l'organisation de la famille primitive. Au début des sociétés, tous les membres d'un même groupe naturel sont étroitement unis par un lien puissant de solidarité, de telle sorte que leur agglomération forme un groupement distinct et autonome, une unité sociale, « un tout indivisible, indissoluble, une véritable personne identique et immortelle » (1). Il ne faut donc pas s'étonner de voir cette petite société subir parfois les conséquences des délits commis par les individus qui en font partie. C'est ainsi qu'à Rome la *gens* et en Grèce la *phratrie* répondent des délits de leurs membres.

A l'époque germanique et pendant le cours du Moyen Age, cette unité de l'association persiste et produit les mêmes résultats. La victime d'une infraction ou ses héritiers ont le droit, quand ils ne peuvent pas atteindre l'auteur du fait, de poursuivre la communauté à laquelle appartient le coupable. Dans ce sens, la loi salique dispose que l'auteur d'un meurtre doit payer une certaine composition, c'est-à-dire une somme d'argent représentant à la fois une amende et des dommages-intérêts. S'il ne peut la payer tout entière, c'est à ses parents, suivant un certain ordre indiqué par la loi, qu'incombe l'obligation de la compléter (2). En somme les membres de la même famille répondent les uns pour les autres. On peut en dire autant des individus appartenant à une même paroisse, à un même diocèse, etc...

(1) Tarde, *La philosophie pénale* (4e édit.), p. 138.
(2) Loi salique, tit. 61, *De chrenechruda*.

L'État, impuissant souvent à assurer l'ordre et à réprimer les délits d'une manière efficace, établit lui-même des associations artificielles. Il réunit par groupe de dix les habitants des bourgs et villages ; chacun de ces petits groupes constitue un être moral désigné sous le nom de *freoborg* ou *friborg*. Si l'un des dix commet un délit, les neuf autres en répondent (1).

A cette époque, le principe de la responsabilité pénale des corporations est couramment appliqué. Ainsi, en 1294, les citoyens de Laon se révoltent, envahissent la cathédrale et tuent clercs et nobles. Philippe le Bel ordonne une enquête, et le Parlement rend un arrêt qui prive « les citoyens, maires, jurés, échevins, et tous autres magistrats de la ville de Laon... de tout droit de commune et de collège, sous quelque nom que ce soit, leur ôtant à tout jamais et entièrement leurs cloches, sceau, coffre commun, charte, privilèges, tout état de justice, juridiction, jugement, échevinage, office de jurés et tous autres droits de commune (2). »

D'après une constitution de Frédéric II, insérée dans le Code de Justinien à la suite de la loi 13, liv. I, tit. 3, une personne juridique pouvait être excommuniée. En 1269, la ville de Lyon fut frappée de cette peine. Les habitants de cette ville, par suite de dissentiments survenus entre eux et l'archevêque et son chapitre, avaient assiégé le cloître de St-Jean et étaient parvenus à en chasser les chanoines. L'interdit ne fut levé qu'en 1271 pour per-

----

(1) Loi des Anglo-Saxons, *Leges Edwardi regis*, c. 20. — V. Bouvier, *Resp. pén. et civ. des pers. mor.*, p. 146.

(2) *Ordonnances des rois de France*, t. XII, p. 465.

mettre au roi Philippe le Hardi, revenant de la dernière croisade, de s'arrêter dans la ville.

On peut citer encore une constitution du même empereur, qui édicte des amendes contre les auteurs de troubles publics. Si c'est une ville qui a causé le désordre, l'amende encourue sera de 100 livres d'or ; si c'est un simple bourg, elle ne sera plus que de 30 livres (1).

Non seulement la législation féodale applique des pénalités aux personnes morales, mais la doctrine de la responsabilité corporative est présentée comme incontestable. Les jurisconsultes indiquent sans hésiter parmi les personnes punissables, l'*universitas*, le *collegium*, etc... Un criminaliste du XVIe siècle, Julius Clarus, pose comme une règle admise par tous la capacité délictuelle des *universitates* et la possibilité de les punir.

Parmi les peines qui leur sont applicables, il indique l'amende, la suppression de leurs immunités, la vente de leur patrimoine, la dispersion ou la punition de tous leurs membres (2).

Nous arrivons au monument le plus important de la doctrine de l'imputabilité des délits aux communautés (c'est-à-dire aux personnes juridiques) : l'ordonnance criminelle de 1670, dont le titre XXI est tout entier consacré à « la manière de faire le procès aux communautés des villes, bourgs et villages, corps et compagnies ».

---

(1) Cette constitution forme le tit. 53 du liv. II du *Livre des Fiefs*, annexé lui-même au *Corpus juris* à la suite du Code et des Novelles.

(2) Julius Clarus, *Practica criminalis* (Lyon, 1579), quœstio XVI, nos 7, 8 et 9. — Ce jurisconsulte cite d'autres auteurs adoptant la même opinion, notamment Gandino, *De maliﬁciis sive de homicida*, nos 14-16 ; Bossio, Tractatus, tit. *Banniri qui possint*, nos 1 et 2.

L'article 1ᵉʳ du titre dispose d'une façon générale que « le procès sera fait aux communautés... qui auront commis quelque rébellion, violence ou autre crime. » Quant aux peines qui pourront être prononcées contre elles, l'article 4 mentionne l'amende et la privation totale ou partielle de leurs privilèges. L'ordonnance ajoute que la condamnation peut porter quelque autre punition qui marque publiquement la peine du crime de la communauté (1).

L'article 5 prévoit le cas où, parallèlement au procès engagé contre l'être moral, des poursuites spéciales seront entreprises « contre les principaux auteurs du crime et leurs complices ».

Cette incrimination particulière qui aboutira à l'application de peines individuelles ne fera pas double emploi avec l'incrimination de la collectivité elle-même qui entraînera l'application d'une peine corporative. Sans doute, ceux qui ont réalisé le délit collectif ont été les instruments de la communauté, mais ce sont des individus qui, bien qu'ayant agi pour le compte de l'être moral, n'en sont pas moins responsables de leurs actes. Ils seront donc considérés comme co-auteurs du délit ; à ce

---

(1) Pothier, *Tr. de la Procé l. crim.*, sect. VI, art. 2, § 2. — Pasquier, cité par Pothier, rapporte un curieux exemple du formalisme qui accompagnait parfois les peines infligées aux communautés. Par un arrêt du 4 décembre 1561, le Parlement de Paris condamna à l'amende honorable la Sorbonne, qui avait laissé soutenir une thèse portant que « le pape avait le droit de priver le roi de son royaume ». Le même arrêt ordonnait en même temps que le bedeau, habillé d'une chape rouge, vînt, en présence des principaux de la Faculté, déclarer à l'audience que cette thèse avait été témérairement soutenue.

titre, ils devront être frappés spécialement; d'autre part, comme ils sont membres du groupe incriminé, ils subiront en cette qualité les conséquences de la peine corporative (1).

L'ordonnance règle minutieusement les détails de la procédure qui sera employée contre les communautés. Comme il s'agit d'un être fictif, ne pouvant pas comparaître en personne, la communauté sera représentée en justice par un syndic, nommé par elle, qui prêtera serment et sera interrogé sur les faits relatifs au crime imputé à la communauté. Quant au jugement, il sera rendu, non contre le syndic, mais contre la communauté elle-même.

La théorie de la criminalité des personnes morales resta en vigueur jusqu'à la fin de l'ancien régime. La Révolution, proscrivit la notion même du délit collectif. Cependant l'individualisme outré des philosophes du xviiie siècle, qui inspira la législation révolutionnaire, n'anéantit pas d'un seul coup l'idée qu'on s'était fait jusqu'alors du rôle social des collectivités, de leur action et de leur responsabilité propres. La vieille doctrine reparaît à nouveau dans une série de lois et de décrets, rendus soit par la Constituante, soit par l'Assemblée législative, soit par la Convention (2), et surtout dans la loi du 10 vendémiaire an IV, qui rend les communes civilement et pénalement responsables des délits commis sur leurs territoires (titre IV, art. 1 et 2). Ces dispositions

(1) Achille Mestre, *Les pers. mor. et le prob. de leur resp. pén.*, p. 120.

(2) Déc. 23 fév. 1790, 6 oct. 1790; lois du 17 juill. 1792, du 16 prairial an III, etc.

n'ont été abrogées que par la loi municipale du
5 avril 1884.

Le Code pénal de 1810 laisse les personnes morales
complètement en dehors de ses prévisions. Quant à la
jurisprudence, nous connaissons sa doctrine : les êtres
juridiques sont incapables de délinquer ; aucune peine ne
leur est donc applicable, sauf dans « les cas d'exception
prévus par la loi » (1).

Quelles peuvent être ces exceptions ?

La loi de 1810 sur les mines décide (art. 93 et 96) que
les propriétaires de mines qui auront contrevenu aux lois et
règlements édictés en cette matière seront punis d'une
amende de 100 à 500 francs. En vertu de cette disposition,
la Cour de cassation a jugé, par un arrêt du 6 août 1829,
que, si une société est propriétaire de la mine, la contravention commise est imputable non aux associés, mais à
la société elle-même qui doit supporter l'amende (2). Cet
arrêt reconnaît donc qu'un être moral peut être l'auteur
d'une infraction ; mais ce n'est là, d'après la Cour
suprême, qu'une exception spécialement inscrite dans la
loi. Cette interprétation est peut-être discutable. Sans
doute, l'art. 93 punit bien le propriétaire de la mine quel
qu'il soit. Mais peut-on se baser sur la généralité du texte
pour affirmer qu'il embrasse à la fois personnes morales
et individus ? En 1810, l'industrie des mines avait peu
d'importance et les sociétés, qui se sont multipliées

_____

(1) Cass. 1er déc. 1838, D. Rép. vo *Commune*, p. 476, note 2 ;
14 déc. 1838, S. 39, I, 332; Tr. civ. Seine, 17 mars 1858, *Ann. de la
prop. ind.*, an. 1859, p. 161 et s.; Cass. 8 mars 1883, D. 84, I,
429; Paris, 16 déc. 1885, S. 86, II, 40.

(2) S. 1829, I, 346; D. *Rép.*, vo *Mines*, no 449.

depuis, étaient peu nombreuses à cette époque. On peut donc vraisemblablement soutenir que l'article 93, en parlant du propriétaire de la mine, fait allusion seulement au cas le plus ordinaire, celui où la propriété appartient personnellement à un ou plusieurs individus.

Cependant, la solution admise par la Cour de cassation, si elle s'appuie sur un texte dont la portée reste douteuse, prouve tout au moins qu'en certains cas, il est logiquement impossible d'infliger à chacun des individus, dont l'ensemble constitue un groupe personnalisé, la peine que la loi attache à certaines infractions. A ce point de vue, l'arrêt méritait d'être cité.

Mais la jurisprudence ne voit pas toujours dans la généralité des termes de la loi une exception suffisamment caractérisée à la règle de l'imputabilité exclusive des délits aux particuliers.

Aux termes de l'article 40 de la loi des 5-8 juillet 1844, « toute atteinte portée au droit de breveté, soit par la fabrication des produits, soit par l'emploi de moyens faisant l'objet de son brevet, constitue le délit de contrefaçon. » Ce délit ne pourrait-il pas émaner d'une société industrielle ou commerciale ? La société a pu, par le commun accord de ses membres, décider la fabrication ou la vente des produits contrefaits et en confier aux gérants l'exécution matérielle ; ceux-ci en se conformant à la décision prise agissent pour le compte de la société. Or, d'après l'article 32 du Code de commerce, les associés gérants ne contractent aucune obligation personnelle à raison de leur gestion. Par conséquent, c'est la responsabilité de la société elle-même qui est engagée. Les tribunaux réservent cependant l'amende aux associés (1), et laissent indemne la personne morale.

(1) Cass. 21 nov. 1856, *Ann. de la prop. ind.* 1856, p. 337 ; —

Dans le Code forestier, on trouve des hypothèses certaines où l'être moral peut être frappé d'une amende. Avant la promulgation de ce Code, les tribunaux admettaient que la commune propriétaire de forêts encourt l'amende lorsqu'elle a laissé couper les arbres marqués comme baliveaux (1).

Cette solution a été consacrée par les articles 33 et 34 du Code forestier.

L'article 199 du même Code établit une responsabilité pénale à l'égard du propriétaire de bestiaux « trouvés de jour en délit de pâturage ». Si c'est une commune qui est propriétaire, elle pourra être condamnée à l'amende édictée par l'article (2).

On peut citer encore la disposition de l'article 82 du Code forestier, d'après laquelle « les usagers ou communes usagères seront garants solidaires des condamnations prononcées contre les entrepreneurs » de l'exploitation des coupes destinées aux usagers. En effet, les communes usagères sont cautions des adjudicataires de coupes de bois et comme telles elles doivent répondre, aux termes des articles 28 et 46 du Code forestier, des dommages-intérêts et des amendes auxquels les adjudicataires ont été condamnés.

La loi du 15 juillet 1846 fournit aussi un exemple de responsabilité pénale visant une catégorie particulière de personnes morales. Le titre II de cette loi a pour objet de réprimer les contraventions « aux clauses du cahier des charges ou aux décisions rendues en exécution de ces

---

Cass. 14 avril 1859, *Ann. de la prop. ind.* 1859, p. 161 et s. ; — Paris, 16 déc. 1885, S. 86, II, 40.

(1) Cass. 5 mai 1815, D. *Rép.*, v° *Forêts*, 1168, 3°.

(2) Toulouse, 8 fév. 1862, D. 62, II, 97.

clauses, en ce qui touche le service de la navigation, la viabilité des routes nationales, départementales ou vicinales, ou le libre écoulement des eaux » ; et les articles 12, 15 et 21 établissent des peines applicables aux compagnies des chemins de fer qui se seraient rendues coupables de ces infractions.

Une loi du 17 juillet 1874, relative aux mesures à prendre en vue de prévenir les incendies dans les régions boisées de l'Algérie est venue consacrer des pratiques de répressions collectives, mises en vigueur depuis 1844. D'après l'article 8 de cette loi, en cas d'incendie de forêts, indépendamment des condamnations individuelles encourues par les auteurs des crimes, délits ou contraventions, les tribus et les douars peuvent être frappés d'amendes collectives (1).

Mentionnons enfin parmi les lois récentes, celle du 2 novembre 1892, sur le travail des enfants et des femmes dans les établissements industriels. Aux termes de l'article 26 § 4, « les chefs d'industrie sont civilement responsables des condamnations prononcées contre leurs directeurs ou gérants. » Comme l'article ne distingue pas, il faut en conclure que la responsabilité qu'il édicte ne s'applique pas seulement aux dommages-intérêts et aux frais, elle s'étend même à l'amende, sanction pénale des contraventions. Si donc le chef d'industrie est un être moral, une société par exemple, il répondra, au même titre qu'un simple particulier, de l'amende prononcée contre le gérant.

En somme, considérer, comme l'a fait notre Code pénal, l'individu comme seul agent possible du délit et proscrire

(1) Ach. Mestre, *op. cit.*, Appendice III, p. 308 et s.

en conséquence toute peine corporative, c'est méconnaître une doctrine consacrée par la tradition de plusieurs siècles. Mais depuis 1810, sous la poussée des besoins bien plus que par la faveur de la loi, des groupements de nature et de but divers se sont établis et ont pris un tel développement qu'il n'est plus possible de ne pas s'intéresser à leur vie juridique. Jusqu'à ces dernières années, l'on n'avait guère étudié le problème de leur responsabilité pénale, mais déjà un courant semble se former dans la doctrine qui pousse certains jurisconsultes à ne plus admettre comme un dogme les idées de Savigny sur les personnes morales et à revenir à la théorie de l'ancien droit (1).

Nous allons voir si la loi du 21 mars 1884, qui a sagement répudié les erreurs de la Révolution sur les corporations, n'a pas, en même temps qu'elle a institué les syndicats professionnels, reconnu leur capacité de délinquer et la possibilité de les punir.

---

(1) Ach. Mestre, p. 13 et s. — V. aussi le rapport de M. Tarde au Congrès d'anthropologie criminelle de Bruxelles en 1892 et les déclarations de M. Prins. (*Actes du Congrès*, p. 88 et s. et p. 253.)

DEUXIÈME PARTIE

RESPONSABILITÉ DES SYNDICATS PROFESSIONNELS

CHAPITRE PREMIER

RESPONSABILITÉ PÉNALE PROPREMENT DITE

Peut-on imputer un délit à un syndicat et le poursuivre de ce chef devant les tribunaux répressifs? En d'autres termes, l'acte illicite de ses représentants ou même de ses membres peut-il engager la responsabilité pénale de l'association?

A s'en tenir à la théorie commune, suivie par la jurisprudence, la solution n'est pas douteuse : les syndicats professionnels, pas plus que les autres personnes morales, ne peuvent être considérés comme auteurs d'un fait criminel et passibles à ce titre d'une peine.

Avant d'examiner, par le détail de certaines infractions, si cette doctrine qui écarte systématiquement la responsabilité du syndicat est toujours en rapport avec les règles fondamentales sur lesquelles est basée la justice criminelle, il faut préalablement chercher à résoudre une dernière objection contre la possibilité de mettre à la charge d'un syndicat les conséquences pénales d'un délit commis par un ou plusieurs de ses membres. La discussion de cette idée, qui vise toutes les catégories de personnes morales, eût trouvé sa place logique dans la première partie de cette étude. Si j'en ai retardé jusqu'ici l'examen, c'est que l'objection, en ce qui concerne les syndicats, ne tient aucun compte d'une disposition spéciale de la loi du 21 mars 1884.

SECTION I

L'Accomplissement du Délit corporatif est-il incompatible avec le Maintien de la Personnalité civile du Syndicat ?

Comme tout être juridique, dit-on, le syndicat a été créé dans un but particulier. Si la loi lui a donné une existence fictive, si elle l'a doté de la personnalité civile, c'est pour lui faciliter l'accomplissement des actes conformes à sa fin, des actes licites. Dès qu'il s'agit de réaliser un acte en dehors du but à atteindre, et notamment un fait incriminé par la loi pénale, la personne morale disparaît ; la question de sa responsabilité ne peut donc pas se présenter ; il n'y a plus d'association personnalisée, mais seulement des individus agissant pour leur propre compte. Dès lors, si un ou plusieurs membres d'un syndicat commettent une infraction, on ne peut pas les considérer comme les organes de l'association ; ce sont de simples particuliers devant supporter seuls les conséquences du fait délictueux qu'ils ont commis.

En un mot, la personnalité des syndicats est condition-

nelle; son maintien dépend de la licéité de l'acte de l'association. La loi, qui a accordé cette personnalité aux syndicats, leur a déterminé un champ d'action, dans lequel ils
doivent se cantonner. « Sur ce terrain, ils fonctionnent en
toute indépendance et sécurité; mais s'ils sortent du cercle
que la loi a tracé autour d'eux et mettent le pied sur un
terrain interdit, ils n'ont plus ni droit ni franchise, ils
cessent d'exister, ils disparaissent comme personnes
morales et du même coup découvrent la responsabilité
personnelle de leurs membres » (1).

Cette doctrine n'est pas nouvelle; elle est née en même
temps que l'institution des personnes civiles. On la reproduit chaque fois qu'apparaît dans notre législation un type
nouveau d'êtres juridiques. Mais on ne trouve pas trace
dans nos lois d'une pareille théorie. Elle a été inventée de
toutes pièces par certains auteurs, soucieux de rassembler
les rares idées éparses dans les textes qui ont trait aux
personnes morales, de combler les nombreuses lacunes de
la loi en cette matière et de produire ainsi un corps de
doctrine complet sur la personnalité civile. Sans discuter
un système aussi général, voyons s'il est possible d'en
justifier l'application aux syndicats professionnels.

La personnalité est un privilège que le législateur est
libre de donner ou de refuser aux collectivités. Il peut
donc, quand il la leur accorde, en subordonner l'acquisition à telles conditions qu'il juge nécessaires et décider
en outre qu'elles en perdront le bénéfice dans certaines
circonstances, lorsque leurs agissements ne seront pas en
concordance avec les prescriptions légales. C'est dans ce

---

(1) G. Michel, *Économiste français*, 1888, t. I, p. 553.

sens qu'ont été réglementés, dans la loi de 1884, la con-
cession et le retrait de la personnalité civile.

Les associations professionnelles sont personnes morales
par le seul fait de leur création, sans avoir aucune formalité à remplir. D'autre part, les tribunaux ont le pouvoir
de leur retirer la personnalité dans certains cas spécialement déterminés par la loi, en prononçant leur dissolution
(art. 9). En dehors de ces cas, aucun texte ne laisse supposer que la personnalité du syndicat disparaît quand l'un
de ses administrateurs, par exemple, a commis un acte
prohibé, de telle sorte que les conséquences de cet acte ne
puissent jamais atteindre l'association, mais seulement
l'auteur du fait illicite.

La loi a spécialisé nettement l'objet des syndicats : ils
ne peuvent s'occuper que des intérêts professionnels de
leurs membres. Mais nulle part il n'est dit qu'ils perdront
de plein droit la personnalité civile chaque fois que leur
action ne concourra pas à l'étude ou à la défense de ces
intérêts. Affirmer le contraire, c'est méconnaître le texte
de la loi de 1884 et rendre inutile une partie importante de
ses dispositions. En effet, si l'acte illicite a pour résultat
d'effacer l'individualité du syndicat et de ne mettre en
cause que les individus qui ont pris part à son exécution,
bien qu'ils aient agi en qualité de syndiqués, il n'y a plus
d'être moral; il reste une association de fait, existant sans
l'autorisation du gouvernement. Par conséquent, il y a
violation de l'article 291 du Code pénal; l'association
devra être dissoute. Car, s'il est vrai que l'article 1er de la
loi de 1884 déclare cette disposition inapplicable aux syndicats, ne peut-on pas soutenir aussi que l'article fait
allusion aux associations qui agissent dans les limites
tracées par la loi? Dès lors, on ne comprend plus l'utilité

de l'article 9 qui détermine avec soin les infractions pouvant entraîner la dissolution des syndicats professionnels.

En réalité, les syndicats sont et restent des personnes morales. C'est là un caractère essentiel, une qualité de fond, à défaut de laquelle il est impossible de concevoir juridiquement un syndicat. Un seul acte peut leur enlever ce caractère : la dissolution. Et, comme cette mesure ne peut être prise contre eux que dans les cas strictement prévus par la loi, toute solution qui laisse entendre qu'il peut y avoir, en d'autres circonstances, disparition même momentanée de la personnalité, est une solution arbitraire.

En somme, tant qu'il n'est pas dissous, le syndicat subsiste intégralement, sans que sa nature juridique soit jamais altérée, même quand un acte prohibé a été accompli par ceux qui ont agi au nom de la corporation, et rien ne justifie dans ce cas le déplacement de responsabilité, par suite duquel le fait illicite ne saurait être mis à la charge du syndicat.

Cette opinion du reste se trouve confirmée par la loi de 1884 elle-même. Aux termes de l'article 6, les syndicats ne peuvent acquérir, en fait d'immeubles, que ceux qui sont « nécessaires à leurs réunions, à leurs bibliothèques ou à des cours d'instruction professionnelle. » Toute autre acquisition immobilière est en dehors des termes de la loi et, comme telle, absolument prohibée. Supposons qu'un immeuble ait été acquis en violation de l'article 6. D'après la théorie que j'ai essayé de combattre, la solution est simple : il s'agit d'un acte illicite ; le syndicat n'étant plus personne morale n'a pas pu conclure valablement le contrat ; l'acquisition est nulle, inexistante. C'est bien la solution que semble indiquer l'art. 8, lorsque

l'immeuble irrégulièrement acquis provient d'une libéralité. Le syndicat n'en est pas devenu propriétaire ; le bien
donné fait retour au donateur ou à ses ayants cause.

Examinons maintenant l'hypothèse d'une acquisition à
titre onéreux. L'achat est interdit comme la donation d'un
immeuble non affecté aux besoins du syndicat. Au premier abord, la sanction paraît identique ; l'article 8, § 1
parle en effet de la « nullité de l'acquisition ou de la libéralité ». L'immeuble vendu devrait donc rester dans le
patrimoine du vendeur qui n'a pas cessé d'en conserver
la propriété, si la vente est nulle. Si telle est la solution
légale, il faut reconnaître qu'elle est conforme aux vues
des auteurs partisans de la personnalité limitée. Mais
l'article 8, § 2, dispose que, dans ce cas, « les immeubles
seront vendus et le prix en sera versé à la caisse de l'association. »

Ainsi, c'est le syndicat lui-même qui est vendeur, puisqu'il
reçoit le prix de vente ; il avait donc acquis la propriété de
l'immeuble, bien que le contrat qu'il avait primitivement
conclu fût un acte prohibé par la loi. En achetant l'immeuble, il a commis une infraction à l'article 6 et cependant
sa personnalité n'a pas été entamée; c'est lui, syndicat, être
moral qui, aux yeux de la loi, était partie au contrat.

L'exemple est concluant ; il n'émane pas d'interprétations plus ou moins discutables, mais de la loi elle-même.
En fin de compte, la théorie qu'on pourrait appeler le
système de la personnalité intermittente est peut-être un
mécanisme ingénieux qui permet d'expliquer facilement
la non-capacité délictuelle des syndicats ; il ne lui manque
que l'estampille légale. La solution de l'article 8, § 2 prouve
que les conséquences d'un acte illicite peuvent retomber
sur le syndicat personne morale. J'en tire cette conclusion

importante qu'aucun motif légal ne s'oppose à ce qu'un délit pénal puisse engager la responsabilité de la corporation comme un contrat irrégulier.

SECTION II

Des Délits imputables aux Syndicats

Ce principe posé, je ne m'attacherai pas à examiner spécialement les diverses infractions qui peuvent être mises à la charge d'un syndicat. Il suffira de montrer, par l'analyse des délits qu'on rencontre le plus fréquemment dans la vie des syndicats, que l'acte physique incriminé, accompli par des membres de la corporation, est souvent la traduction extérieure d'une volonté collective certaine dont il serait juste de tenir compte dans la répression.

L'histoire, bien que courte, des associations professionnelles offre de nombreux exemples de cette corrélation entre les décisions des assemblées syndicales et les délits commis par les syndiqués.

§ Ier. — Délits commis en temps de grève. — Atteintes à la liberté du travail.

En même temps qu'elle abolissait les corps de métiers, l'Assemblée Constituante prohibait la coalition qu'elle considérait comme « une atteinte aux principes de liberté inscrits dans la Constitution ». Estimant à leur tour que la coalition était inséparable de troubles dangereux pour l'ordre public, les rédacteurs du Code pénal renouvelèrent

la même défense et la sanctionnèrent, dans les articles 414,
415 et 416, par des peines de gravité différente, suivant
que les coalisés étaient des patrons ou des ouvriers. Cette
inégalité de répression, que rien ne justifiait, fut maintenue jusqu'à la loi du 27 novembre 1849. Alors seulement
disparut le régime de faveur introduit dans la législation
précédente à l'égard des chefs d'industrie et les mêmes
pénalités furent applicables indistinctement à tous ceux
qui avaient organisé la coalition ou y avaient pris part,
quelle que fût leur condition sociale.

Cependant cette égalité était plus apparente que réelle.
Un patron est à lui seul une force. Dans la plupart des
cas, il peut, sans entente préalable avec ses collègues, imposer les conditions qu'il lui plaît, n'ouvrir la porte de ses
ateliers qu'à ceux qui acceptent ses exigences et remplacer facilement les ouvriers mécontents ou rebelles. La
prohibition du Code pénal, n'était donc pas pour lui une
gêne sérieuse, puisqu'elle ne diminuait en rien sa prépon
dérance vis-à-vis de l'ouvrier.

Pour ce dernier au contraire l'isolement est une cause
fatale d'infériorité et d'impuissance. Subissant plus que tout
autre la dure loi de la nécessité, il peut se voir contraint
d'accepter un salaire insuffisamment rémunérateur qu'une
réclamation inopportune risquerait de lui faire perdre. Pour
débattre utilement avec le patron les conditions du travail,
il devient nécessaire qu'il s'unisse avec ses compagnons
d'atelier qui ont les mêmes intérêts à protéger et à défendre.
Ainsi le patron sera tout disposé à tenir compte d'une
demande légitime, émanant d'une majorité suffisante d'ouvriers dont le chômage léserait gravement ses intérêts.

Néanmoins, la crainte de compromettre la paix publique
en même temps que la sécurité des industries et aussi, il

faut bien le reconnaître, le souci de protéger les travailleurs
contre des entraînements irréfléchis firent reculer jusqu'en 1863 la réforme que de bons esprits réclamaient
depuis longtemps (1). A cette époque, le gouvernement se
décida à déposer un projet qui reconnaissait enfin que le
concert pacifique entre patrons et ouvriers n'était pas en
soi un fait illicite et condamnable et qu'il était juste de
laisser les ouvriers s'unir pour présenter collectivement
leurs réclamations et sanctionner au besoin leur résolution
commune par une cessation de travail.

Ce projet devint la loi du 25 mai 1864. Désormais la
grève n'avait aucun caractère délictueux et l'action pénale
était restreinte aux seuls faits qui étaient considérés comme
des abus de la grève, tels que les actes d'intimidation ou
de violence tendant à entraver le libre exercice du travail
ou de l'industrie.

Aujourd'hui donc, le droit de grève n'est plus contestable
Les ouvriers en usent largement. Ils y voient un moyen
puissant d'accroître la rémunération du travail, soit par
augmentation de salaire, soit indirectement par une réduction du travail. Non pas que toutes les grèves soient
fondées sur des motifs légitimes. Les ouvriers agissent
parfois par esprit d'insubordination, se laissent entraîner
par faiblesse, soutiennent des revendications inacceptables.
Mais elles exercent généralement sur les chefs d'industrie
une influence morale très avantageuse pour les ouvriers;
car « il en est des grèves, dit M. Leroy-Beaulieu, comme
des tribunaux, comme de la guerre, comme du duel
même; elles agissent surtout par la crainte qu'elles ins-

_____

(1) Bastiat entre autres avait, lors de la discussion de la loi de 1849,
éloquemment soutenu la légitimité de la grève.

pirent; elles amènent plus de loyauté dans l'exécution des contrats, plus de circonspection dans les rapports réciproques ».

a) *Violences, voies de fait, etc., art. 414 et 415 C. pén.* — D'ailleurs, les ouvriers qui se coalisent et cessent le travail n'exercent véritablement un droit qu'à la condition de respecter la liberté d'autrui. Si la grève leur apparaît comme un moyen sûr de modifier à leur avantage le contrat de travail qui les lie aux patrons, on ne peut leur reprocher d'y avoir recours ; mais ils doivent laisser ceux qui refusent de les suivre continuer librement leur labeur. Lorsqu'ils cherchent, pour donner plus de poids à leurs réclamations, à empêcher, par des violences, voies de fait ou manœuvres frauduleuses, les dissidents de se présenter au travail, ils se rendent coupables du délit puni par l'article 414 et doivent être condamnés à l'emprisonnement ou à l'amende.

Ce n'est pas à dire que ce résultat soit toujours satisfaisant. L'histoire des grèves ouvrières nous apprend que souvent des individus, étrangers à la profession à laquelle appartiennent les grévistes, se mettent à la tête du mouvement, excitent les mécontents, entraînent les irrésolus et déchaînent la guerre parmi des ouvriers qui s'étaient promis de poursuivre pacifiquement leur but. Malheureusement, les termes étroits des dispositions pénales relatives à la complicité ne permettent guère aux tribunaux d'atteindre ces tiers, dénués de scrupules, qui ne craignent pas d'exalter les esprits, et de conseiller les pires violences pour faire servir à leurs propres intérêts l'agitation qu'ils ont fait naître ou qu'ils entretiennent. On ne peut que regretter l'impunité dont ils jouissent et

souhaiter contre eux une répression énergique qui em-
pêcherait bien des abus dont les ouvriers trop confiants
sont les premières victimes.

Mais, à côté de cette influence des « meneurs », se manifeste aussi fréquemment l'action syndicale. Il est rare
qu'une grève éclate sans qu'un syndicat y prenne part
d'une façon plus ou moins active. Cette intervention est
du reste toute naturelle. Créé pour la protection des intérêts de ses membres, il est dans son rôle de participer à
tout mouvement qui met en jeu ces intérêts. Aussi, lorsqu'il ne décrète pas lui-même la grève, il s'y associe
quand elle est déclarée, l'accapare en quelque sorte, la
fait sienne, en se réservant le soin de l'organiser et de la
conduire à sa façon. Au sein de l'assemblée syndicale,
se forme un « comité directeur » de la grève, qui indique
la marche à suivre, les moyens à employer, qui dresse en
un mot un véritable plan de campagne qu'il soumet ensuite à l'approbation des syndiqués. Comme le succès de
la grève dépend du nombre des grévistes, les membres
du syndicat cherchent à enrôler le plus grand nombre
possible de leurs camarades et la masse non syndiquée
n'ose pas résister à la petite troupe organisée qui vient
lui signifier d'abandonner le travail.

Cette influence de la corporation s'est révélée d'une
façon remarquable dans la grève des terrassiers qui éclata
à Paris au mois de septembre 1898, s'étendit à divers métiers et faillit amener une grève générale. La plupart des
syndicats ne représentaient qu'une très petite minorité
des ouvriers d'un même métier. Ainsi sur vingt mille
serruriers qui travaillent habituellement à Paris, il n'y en
avait pas cinq cents qui fussent inscrits au syndicat. Ces
cinq cents firent la loi aux vingt mille; ceux-ci, faibles

puisqu'ils étaient isolés, ne purent résister à la force du groupement.

Du reste, lorsque les ouvriers indépendants ne se soumettent pas docilement aux injonctions des syndiqués, qui ont résolu la cessation du travail, ils y sont parfois contraints par la force. Car le syndicat ne se contente pas toujours de prôner l'enrôlement pacifique; ses délibérations aboutissent souvent à un mot d'ordre général contre les travailleurs qui ne s'associent pas bénévolement aux grévistes. Eh bien, si, sous l'influence de ces excitations, un ouvrier, subissant la discipline syndicale, vient à commettre des violences, des voies de fait contre un « renégat », est-il juste d'imputer ce délit à lui seul? La décision criminelle de l'assemblée syndicale n'a-t-elle pas eu d'influence directe sur l'accomplissement de l'infraction? Le délinquant n'apparaît-il pas comme l'instrument docile de l'association et peut-on, en toute équité, affirmer que le syndicat n'a encouru aucune responsabilité?

La grève qui éclata à Carmaux en 1892 et fut la cause de troubles sanglants dont on n'a pas perdu le souvenir, peut être citée comme l'exemple le plus saisissant de l'influence tyrannique que peut exercer une association syndicale sur des ouvriers. La plupart des faits de violence qu'on y relève émanent de grévistes affiliés au syndicat dont ils ne font qu'exécuter fidèlement les instructions.

La grève, on le sait, fut déterminée par le renvoi d'un ouvrier mineur, nommé Calvignac, congédié par la Compagnie des Mines pour absences irrégulières fréquemment renouvelées. Immédiatement, les membres du syndicat, dont Calvignac était le président, prirent fait et cause pour lui et s'unirent pour obtenir sa réintégration.

M. Gibon a raconté, dans une intéressante monographie, l'histoire détaillée de cette grève trop célèbre. Je lui emprunte le récit de quelques épisodes, qui montrent jusqu'à quelles extrémités peut se laisser entraîner une masse d'ouvriers conduits par une pensée commune.

« Le 15 août, *en sortant d'une réunion du syndicat*, une bande de 300 ouvriers, composée moitié de verriers, moitié de mineurs, après avoir demandé sans succès la réintégration de Calvignac, envahit la direction, joignit le directeur, lui imposa par la violence sa démission. M. Humblot (le directeur), après une lutte qui ne dura pas moins de trois heures, défendu par trois gendarmes et entouré de quelques agents supérieurs de la compagnie, en présence de trois cents forcenés et à la prière du maréchal des logis, signe comme contraint et forcé, sa démission de directeur de Carmaux. Non seulement sa vie était menacée, mais aussi celle de ceux qui l'entouraient..... (1). »

Ainsi c'est à la suite d'une réunion syndicale que se produit cette sauvage rebellion. On ne saurait sans doute accuser le syndicat lui-même de tentative de meurtre. Mais est-il téméraire de penser qu'une grosse part des responsabilités encourues pesait sur la corporation? Est-il certain que les mêmes faits se seraient passés, si l'assemblée syndicale n'avait pas résolu d'obtenir *de gré ou de force* la satisfaction que les ouvriers demandaient? Qu'importe après cela qu'on n'ait pas précisé la nature des mesures de violence que le syndicat se proposait d'employer?

(1) Gibon, La Grève de Carmaux (*Réforme sociale*, 16 fév. 1893, p. 271).

Poursuivons et voyons commentl es grévistes respectent la liberté du travail.

La grève continue et l'on assiste à un spectacle étrange : « celui de patrouilles organisées par les ouvriers avec le but avoué et le résultat indéniable d'empêcher les ouvriers de se présenter au travail » (1). L'action de ces patrouilles se manifeste si brutalement que le préfet du Tarn menace Calvignac de le faire arrêter s'il continue à former des patrouilles. Ainsi c'est le président du syndicat lui-même qui organise une véritable armée dans le but d'imposer par la force aux ouvriers dissidents la cessation du travail, et les syndiqués se mettent à sa disposition pour exécuter ce qu'il propose.

Il apparaît clairement dans ces mesures concertées d'avance, proposées par un membre de l'administration du syndicat, adoptées ensuite par l'assemblée syndicale, une communion d'idées, un *concilium commune*, la volonté certaine de poursuivre, au mépris des lois pénales, un but illicite ; il serait juste d'en tenir compte dans la répression des faits punis par les articles 414 et 415.

Les tribunaux envisagent bien, il est vrai, cette considération ; mais c'est pour atténuer la culpabilité des délinquants et diminuer la peine qui leur est applicable et non pour incriminer la corporation.

En décembre 1893, le Syndicat des ouvriers bûcherons de la Nièvre décidait la grève. Quelques jours après, soixante grévistes environ envahissaient une coupe où travaillaient quatre ouvriers, leur donnaient l'ordre de cesser le travail et les emmenaient de force dans une localité voisine. Cinq seulement des grévistes furent pour-

(1) Gibon, *op. cit.*, p. 273.

suivis devant le tribunal correctionnel de Nevers et condamnés à quelques jours d'emprisonnement. Le jugement
reconnaît que l'invasion de la coupe « avait été concertée
et avait fait l'objet d'une convocation de différentes
sections des syndicats de la région », que « l'appel aux
membres du syndicat dans le but déterminé de faire
cesser une exploitation constitue une manœuvre fraudu-
leuse » (1). On constate que l'atteinte à la liberté du travail a été préparée, voulue par un syndicat et par une
singulière contradiction, on ne frappe que quelques
ouvriers.

En considérant les délits de cette sorte comme des actes
isolés, commis sans connexité, en négligeant d'observer
leur commune origine, on n'aboutit qu'à une demi-répres-
sion, la moins efficace puisqu'elle n'atteint pas la résolution criminelle, source même des actes délictueux, et l'on
fait supporter à quelques individus la peine d'un délit
auquel toute une collectivité a contribué.

On peut sans doute, en l'état actuel de notre législation,
poursuivre non seulement ceux qui ont réalisé l'acte physique incriminé, mais aussi les instigateurs du délit, les
motores criminis. Mais il faut remarquer que cette participation spéciale au délit n'est punissable que si elle se
révèle par certains faits prévus par la loi. Or, dans l'hypothèse qui nous occupe, un seul des faits de provocation,
énumérés par l'article 60 du Code pénal, peut se rencontrer. C'est le mode de complicité consistant dans le
fait d'avoir donné des instructions sur la manière d'agir
pour exécuter le délit. Mais, dans la théorie de la juris-

(1) Tr. corr. Nevers, 21 décembre 1893 (*Revue des Sociétés*, 1893,
p. 143).

prudence, la provocation ne peut pas émaner d'une
personne morale et celle-ci ne peut pas plus être pour-
suivie comme complice que comme auteur du fait délictueux. On ne pourrait que rechercher les individus qui
ont donné des instructions criminelles aux membres du
syndicat. Mais est-il possible de trouver, dans les discussions généralement confuses d'une assemblée syndicale,
les éléments nettement caractérisés de la provocation ? Ce
qui ressort d'une façon plus claire des propositions et des
votes, c'est la volonté criminelle du syndicat.

b) *Amendes, proscriptions, mises à l'index, etc., art. 416,
C. pén.* — Tandis que les articles 414 et 415 punissent les
voies de fait et les violences matérielles, l'article 416 répri-
mait les amendes, proscriptions, en général tous les faits
de pression morale qui avaient pour objet d'attenter au
libre exercice du travail. Ces faits ne constituaient des
délits punissables qu'autant qu'ils avaient été commis
« par suite d'un plan concerté ». Lorsque vint en discussion le projet de loi sur les associations professionnelles,
on pensa que le maintien de cette disposition gênerait
considérablement l'action des syndicats qui, pour être
efficaces, devaient avoir la faculté de faire des proscriptions, d'interdire à leurs membres de travailler dans telle
ou telle usine et de prononcer des amendes contre ceux
qui n'obéiraient pas à leurs ordres. L'article 416 fut
abrogé.

Bien que le délit qu'il prévoyait n'existe plus, il est
intéressant de rechercher quelle eût été la situation d'un
syndicat en face de cette disposition pénale. Les mises à
l'index sont des actes courants dans la vie des syndicats ;
elles sont la sanction ordinaire de leurs résolutions. Si

elles gardaient encore aujourd'hui le caractère délictueux qu'elles avaient avant l'abrogation de l'article 416, ne devrait-on pas en rendre responsable la collectivité syndicale ? Il s'agit là en effet d'un acte du syndicat, qui ne produit l'effet cherché que parce qu'il exprime la volonté de la corporation. On ne peut pas dire qu'une interdiction de ce genre soit le fait de ceux-là seuls qui la signifient aux personnes qui en sont l'objet, la signification n'étant qu'un moyen nécessaire de la rendre publique. Du reste, en signifiant la mise à l'index, le président du syndicat ou l'un quelconque des membres de l'administration ne font qu'exécuter la décision de la corporation. On aurait dû, par conséquent, mettre le délit à la charge de l'association elle-même, le syndicat pouvant seul réaliser le « plan concerté » exigé par l'article 416 comme élément de criminalité indispensable pour motiver les poursuites pénales.

Cette solution n'a plus aujourd'hui qu'un intérêt théorique ; il était néanmoins utile de la mentionner pour montrer qu'il est possible, sans rien changer aux termes d'un texte de loi, de concevoir un délit mettant en cause un syndicat, abstraction faite des actes particuliers de ses membres. Nous verrons plus loin que cette solution persiste quand il s'agit de déterminer à qui incombe l'obligation de réparer le dommage causé par une mise à l'index illicite : c'est toujours le syndicat qui est condamné.

§ II. — Diffamation, injures.

La loi permet aux syndicats d'user des mises à l'index, sans qu'il y ait à craindre une condamnation pénale ; mais ils doivent s'abstenir de tout commentaire qui peut porter atteinte à l'honneur ou à la considération des personnes visées. Ils n'observent pas toujours cette règle, et il arrive que leurs proscriptions sont rédigées en termes diffamatoires ou injurieux.

Lorsque la personne lésée porte une action en réparation devant les tribunaux civils, ceux-ci reconnaissent sans difficulté que le fait illicite est un acte syndical, imputable, par conséquent, à l'association, qui doit fournir à la partie lésée une juste compensation. C'est ainsi qu'il a été jugé qu'un ouvrier libre est fondé à se plaindre du préjudice que lui a causé une circulaire émanée de la chambre syndicale et rédigée en termes diffamatoires et outrageants pour les ouvriers de sa profession (1). Le syndicat qui emploie de semblables manœuvres pour contraindre les ouvriers indépendants à adhérer à la corporation, est coupable; il doit supporter les conséquences pécuniaires de la faute qu'il a commise.

Mais dès qu'il s'agit d'un délit à punir, le tribunal ne cherche plus dans quelles circonstances la diffamation a été réalisée. Il lui importe peu de savoir si le président, l'administrateur du syndicat, qui a signifié la mise à l'index, a agi de son propre chef ou s'il a simplement obéi à la décision de la corporation. Un syndicat avait fait placarder des affiches dans lesquelles il était reproché à des commerçants d'avoir violé les engagements par eux pris envers l'association. Le délit de diffamation fut reconnu; on condamna le président du syndicat et l'indi-

_____

(1) Tr. paix, 3e arrond. Paris, 31 août 1893 (*Le Droit*, 14 septembre 1893).

vidu qui avait placardé les affiches (1). Cependant l'arrêt constate que l'intention de nuire, élément du délit, résulte de la mise à l'index affichée dans la localité où résidaient habituellement les négociants diffamés. Or, la mise à l'index est incontestablement un acte du syndicat, c'est-à-dire un acte qui met en cause la responsabilité de l'être moral.

En définitive, ne devrait-on pas considérer les délits de presse en général et spécialement l'injure et la diffama-tion comme imputables au syndicat, lorsqu'il est établi que le journal contenant les articles incriminés est l'or-gane même de l'association? Dans ce cas, conformément aux dispositions de la loi de 1881 sur la liberté de la presse, on devrait poursuivre le gérant du journal comme auteur principal du délit, et le syndicat comme complice. Le cas s'est présenté devant le tribunal correctionnel de Bordeaux. Inutile de dire qu'aucune condamnation n'a été prononcée contre le syndicat (2).

§ III. — Atteintes à la liberté de l'industrie. Coalitions de producteurs. Art. 419 C. pén.

L'art. 419 C. pén. vise un double délit. Il punit d'abord l'emploi de moyens frauduleux ou violents ayant amené la hausse ou la baisse des marchandises ou denrées au dessus ou au dessous des prix normaux. Il punit, d'autre

---

(1) C. Paris, 10 fév. 1894 (*Rev. prat. de dr. indust.* 1894, n° 7, p. 332).

(2) Tr. corr. Bordeaux, 24 mars 1894 (*Rev. des Soc.* 1894, p. 320).

part, la réunion ou coalition des principaux détenteurs d'une même marchandise ou denrée pour en fausser le prix, indépendamment de tout moyen frauduleux.

L'article prévoit deux situations différentes : dans le premier cas, c'est la fraude ou la violence qu'il réprime ; dans le second, au contraire, il punit le simple fait de la coalition, quels que soient les moyens employés. Nous examinerons successivement ces deux délits en tant qu'ils peuvent engager la responsabilité d'un syndicat.

I. — Il est bien évident que des industriels ne peuvent pas constituer un syndicat dans le but, avoué dans les statuts, d'arriver à la hausse ou à la baisse de leurs produits par les moyens qu'incrimine l'art. 419. La poursuite d'un but illicite rend nulle toute convention et l'association qui se proposerait un tel objet n'aurait aucune existence devant la loi. Mais un syndicat se forme ; ses fondateurs en indiquent l'objet par la formule vague employée par la loi de 1884 : la défense des intérêts de ses membres. Ce syndicat existe, il jouit de la personnalité civile. Au cours de son fonctionnement, les syndiqués, reconnaissant la nécessité de relever sur le marché le prix de leurs produits, conviennent d'atteindre ce but par tous les moyens, même par les procédés délictueux énumérés par l'art. 419. Cette décision, une fois prise, quelques-uns des membres du syndicat parviennent par des voies frauduleuses à faire hausser les prix. Il y a délit. Comment appliquera-t-on l'art. 419 ?

D'après le système de la jurisprudence, aucun doute n'est possible. L'agent du délit est celui-là seul qui a usé de la fraude. Si plusieurs membres du syndicat ont accompli les mêmes faits délictueux, chacun d'eux sera poursuivi. Si l'un quelconque des syndiqués s'est abstenu de prendre part à l'exécution du délit, il ne sera l'objet d'aucune poursuite. Tel est le résultat certain auquel aboutira l'exercice de l'action publique. Il est permis de croire qu'il n'est pas absolument conforme à l'équité, puisqu'il laisse indemnes certains syndiqués qui ont participé à la délibération illicite. On pourra peut-être, il est vrai, relever contre eux des faits de complicité qui permettront aux juges de les atteindre. Peut-être aussi cette complicité légale sera-t-elle difficile à déterminer. Ce qui est certain, c'est qu'on néglige un élément important de l'infraction, la volonté criminelle qui s'est manifestée dans l'hypothèse par la décision commune des associés et logiquement c'est l'ensemble de ces associés qui, aux yeux de la loi, constitue une seule personne qu'il faudrait incriminer.

II. — Le second délit que prévoit l'art. 419 est bien différent de celui que je viens d'examiner. Il n'est plus ici question de procédés dolosifs, ni de manœuvres frauduleuses; il s'agit seulement de réunion ou coalition. L'article punit en effet « tous ceux qui... par réunion ou coalition entre les principaux détenteurs d'une même marchandise ou denrée, tendant à ne pas la vendre ou à ne la vendre qu'à un certain prix..., auront opéré la hausse ou la baisse des prix qu'aurait déterminés la concurrence naturelle et libre du commerce ».

Cette disposition n'entrave-t-elle pas la libre constitution des syndicats, composés d'industriels ou de commerçants, qui s'unissent pour défendre leurs intérêts menacés par la concurrence et la surproduction ?

Des controverses, qui se sont élevées sur cette question, sont nées deux opinions diamétralement opposées : l'une prétendant que le délit de coalition, prévu par l'art. 419, subsiste et que la loi de 1884 n'a apporté sur ce point aucune modification ; l'autre, au contraire, soutenant qu'en autorisant l'association entre les industriels pour la défense de leurs intérêts, la loi de 1884 a implicitement abrogé l'art. 419 en tant qu'il punit la réunion des détenteurs de marchandises ou denrées.

Il importe d'envisager de près cette question qui, plus que jamais, s'impose à l'examen des jurisconsultes.

C'est en effet dans le dernier quart de ce siècle qu'ont pris naissance et se sont développés les groupements particuliers qu'on a appelé les « ententes entre producteurs ». En Allemagne, ces associations ont pris le nom de « *Kartells* » ; aux États-Unis, elles sont connues sous les dénominations de *Combinations, trusts*. Elles gardent en France le nom générique d'*ententes, coalitions* ou *syndicats de producteurs*. L'importance qu'elles ont prise et la rapide extension avec laquelle elles se sont multipliées sont les résultats nécessaires de l'évolution économique qui s'est déroulée dans le cours de ce siècle et qui restera comme un des phénomènes les plus marquants des temps modernes.

Dans l'ancienne organisation corporative, où l'exercice des divers métiers n'était pas libre, où le nombre des chefs d'industrie était forcément restreint, la production, limitée par des règles strictes, restait en dessous plutôt qu'en dessus des besoins. Mais la loi de 1791, en supprimant les corporations, a provoqué une révolution radicale dans le monde économique. Comprimée jusque-là par une réglementation rigoureuse, l'industrie prit un nouvel essor. Aux ateliers corporatifs succédèrent de vastes usines dont la prospérité détermina les capitalistes à fonder de nouvelles et importantes entreprises. En même temps les dé-

couvertes de la science et les progrès de la mécanique pro-
voquaient l'invention de machines de plus en plus perfec-
tionnées qui vinrent remplacer l'outillage sommaire de la
petite industrie.

Aujourd'hui, grâce aux puissants moyens d'action dont
elle dispose, l'industrie déverse sur le marché une quantité
considérable de produits de toute sorte. Il en résulte nécessairement une satisfaction plus rapide des besoins ;
l'équilibre est rompu entre la production et la consommation,
l'offre excède la demande, les prix baissent. D'autre part,
les fabricants, voulant assurer l'écoulement régulier de
leurs marchandises, consentent de nouvelles réductions
pour tenter l'acheteur. Cet avilissement des prix s'aggrave
encore du fait de certains industriels assez puissants pour
subir des sacrifices momentanés qui doivent amener la
disparition plus ou moins proche d'adversaires gênants et
les laisser seuls maîtres du marché. Ainsi le libre jeu de
la concurrence et l'accroissement de la production engen-
drent une lutte ruineuse pour tous : « pour les propriétaires
dont les capitaux engagés ne rapportent plus rien ; pour
les ouvriers dont le salaire a dû être de plus en plus réduit ;
pour l'acheteur lui-même qui ne trouve plus la qualité
qu'il estimait et qu'il a fallu abandonner par raison d'économie » (1).

On comprend qu'en face d'une situation aussi critique,
les industriels aient songé à leur défense commune. Au
début, c'est par une simple convention qu'ils s'engagent à
ne pas vendre leurs produits au dessous d'un tarif mini-
mum. Puis, pour donner à leurs efforts plus de force, plus

_____

(1) Grüner. *Rapport sur les syndicats professionnels* (*Réf. soc.*
1884, p. 167).

de cohésion, ils forment entre eux de véritables associations. Parmi celles-ci, je ne m'occuperai, bien entendu,
que de celles qui empruntent à la loi de 1884 la forme syndicale.

Les industriels, les commerçants peuvent-ils se coaliser
pour lutter contre les dangers que je viens d'exposer
rapidement, sans violer l'article 419 du Code pénal?

Sans doute cet article ne figure pas parmi les dispositions abrogées par la loi sur les associations professionnelles. Mais cette constatation ne suffit pas pour affirmer
qu'il subsiste intégralement et que son champ d'application
n'a pas été réduit par la loi nouvelle. Il est de principe en
effet dans notre droit qu'il y a abrogation virtuelle quand
le texte ancien est inconciliable avec la disposition nouvelle. Or ici la contradiction est flagrante, le conflit évident.

La loi de 1884 permet à tous ceux qui exercent une profession de se réunir et de se concerter pour la défense de
leurs intérêts communs.

En usant de cette faculté, les industriels restent sur le
terrain de la stricte légalité. La vente de leurs produits,
par suite de l'encombrement du marché, ne leur donne
plus qu'une rémunération insuffisante, ne leur permettant
pas de faire face aux dépenses nécessaires qu'entraîne le
fonctionnement normal de leurs ateliers. Il importe pour
eux de remédier aux crises de surproduction dont ils
souffrent et qui sont aujourd'hui, on l'a dit justement, « le
mal périodique de l'industrie ». Dans ce but, ils conviennent de limiter la production et élaborent un tarif au
dessous duquel ils s'engagent à ne pas vendre leurs marchandises. De telles résolutions n'ont rien d'illicite, puisque
ceux qui les prennent n'ont pas d'autre but que d'améliorer
leur situation compromise par une concurrence effrénée

et une production excessive. Bien au contraire, on ne peut trouver au mot défense qui est écrit dans la loi d'application plus exacte. La vie industrielle et commerciale ne comporte que luttes et résistances, et les producteurs et les commerçants ne subsistent que s'ils organisent une défense énergique.

La loi de 1884 leur en fournit le moyen en leur permettant de s'associer. Pourquoi donc entraver la libre formation de ces groupements et leur fonctionnement efficace par l'application d'un texte que ses rédacteurs avaient écrit en vue d'une situation toute différente. Car l'objet de l'article 419 est seulement d'empêcher « la constitution par coalition d'un véritable monopole imposant aux acheteurs des prix écrasants qui, pour les coalisés, sont des gains scandaleux. Tel n'est pas le cas d'industriels qui s'unissent pour n'être pas eux-mêmes écrasés par une concurrence étrangère fortement unie, pour régler sagement leur production sur les besoins de la consommation et pour préserver l'industrie nationale des crises de surproduction qui amènent avec l'avilissement des prix et l'accumulation des stocks, l'avilissement des salaires et le chômage des ouvriers » (1).

Du reste, grâce à la rapidité des communications et à la facilité des transports, le danger d'accaparement n'existe plus aujourd'hui et sa disparition devrait entraîner la suppression de l'art. 419 (2). Cette considération n'a pas été étrangère aux décisions récentes des tribunaux sur ce point (3). De l'examen de cette jurisprudence, il ressort

(1) Boullay, *Commentaire de la loi sur les synd. prof.*, nᵒ 535.
(2) Grüner, *Les synd. indust.* (*Réf. soc.*, 1888, p. 172).
(3) Paris, 14 avril 1891, S. 92, II, 151. — Grenoble, 1ᵉʳ mai 1894, S. 94, II, 227.

qu'on ne saurait appliquer l'art. 419 aux ententes entre producteurs qui ont pour but « non de surélever le cours de leurs produits en leur attribuant une hausse factice, mais d'empêcher leur avilissement en atténuant les ardeurs et les effets de la concurrence locale » (1).

Néanmoins on peut s'étonner que l'art. 419 figure encore dans notre législation pénale et que le législateur de 1864, qui voulait « la liberté absolue de la coalition à tous ses degrés » (2), n'ait pas songé à modifier l'art. 419 comme il avait modifié les art. 414, 415 et 416. Peut-être a-t-il pensé qu'il suffirait de laisser aux tribunaux le soin de l'appliquer avec modération. Quoi qu'il en soit, l'anomalie qu'on relevait après la promulgation de la loi de 1864 n'existe plus aujourd'hui depuis la loi sur les syndicats. Les art. 2 et 3 de cette loi permettent aux industriels, aux commerçants de s'unir pour la défense de leurs intérêts, et notamment pour maintenir à un certain taux le cours de leurs marchandises.

Il y a en effet entre l'article 419 et la loi de 1884 une incompatibilité certaine. Comment concevoir le fonctionnement d'un syndicat de producteurs si on maintient la disposition de l'article 419 qui prohibe toute réunion des détenteurs d'une même marchandise tendant à ne la vendre qu'à un certain prix? L'article 419 incrimine le principe même et le but sur lesquels repose l'économie tout entière de la loi nouvelle. Du reste, invoquer l'article 419, n'est-ce pas restreindre nécessairement la portée de la réforme introduite par cette loi? La loi sur les associa-

---

(1) Grenoble, arrêt précité. — V. Percerou, *Des synd. de producteurs* (*Annales de dr. commercial*, août 1897, p. 280).

(2) Rapport sur la loi du 25 mai 1864.

tions professionnelles est une loi large, ouverte à tous ceux qui, exerçant une profession, ont des intérêts communs à sauvegarder. Les travaux préparatoires et le texte même de la loi ne laissent aucun doute à cet égard. A tous elle donne le même moyen de protection. Or, en appliquant rigoureusement l'article 419, on exclut des avantages de la loi nouvelle, toute une classe d'individus et non des moins intéressants.

Cependant la situation de ces derniers n'est pas différente de celle des ouvriers que la loi protège également. Les artisans, quels qu'ils soient, peuvent, s'ils estiment insuffisant le salaire qu'ils reçoivent, s'unir et prendre l'engagement commun de ne travailler qu'à un certain prix ; ils peuvent même dénoncer le patron qui fait travailler à un taux inférieur. Leur détermination est absolument licite ; en se coalisant ainsi pour refuser le travail à telles conditions qu'ils trouvent préjudiciables, ils défendent simplement leurs intérêts. Comme les chefs d'industrie, leurs patrons, ils sont lésés par le libre jeu de la concurrence, dont ils s'efforcent d'atténuer les effets.

On a prétendu pourtant que la situation des uns et des autres n'est pas identique et que c'est à dessein que le législateur ne les a pas indistinctement soumis au même traitement. Il n'a pas entendu, dit-on, assimiler le travail aux denrées et aux marchandises dont il diffère essentiellement ; son but a été de protéger le travail « d'une façon toute spéciale » (1). Une telle opinion doit être repoussée ; car, en considérant la loi de 1884 comme une loi d'excep-

_____

(1) Boullaire, *Man. des synd. prof. agr.*, p. 228. — Jay, note sous Paris, 28 févr. 1888, S. 89, II, 49.

tion, conférant un véritable privilège aux seules classes laborieuses, on en méconnaît, ainsi que je l'ai montré plus haut, la portée réelle. Le champ d'application de la loi de 1884 est autrement étendu ; il suffit, pour s'en convaincre, de lire les articles 2 et 3.

Du reste, la prétendue différence que l'on signale entre les industriels et les ouvriers n'existe pas. Avec M. Boullaire et M. Jay, je pense que le travail est une marchandise d'une nature spéciale ; comme eux j'estime que la loi morale doit en régler le trafic. Mais, en fait, le travail, comme toute marchandise, est soumis aux fluctuations de l'offre et de la demande. Il en résulte que les travailleurs subissent les mêmes dangers que les fabricants et les commerçants ; il est donc juste que la loi donne aux uns et aux autres la même arme de défense. « En autorisant les syndicats professionnels régulièrement constitués à se concerter pour étudier leurs intérêts industriels, dit M. Claudio Jeannet, la loi de 1884 rend l'article 419 inapplicable à des associations de ce genre, formées entre producteurs, pourvu qu'ils n'emploient pas de manœuvres frauduleuses pour déterminer la hausse et qu'ils se soient régulièrement constitués en syndicats professionnels. » Appliquer l'article 419 aux syndicats, c'est nier le droit même de se syndiquer (1).

On peut en outre invoquer à l'appui de notre opinion un autre argument que la jurisprudence applique aux sociétés commerciales et qui découle du principe de la personnalité civile.

___

(1) Rapport de M. Boullay (*Rev. cath. des institut. et du dr.*, 1890, p. 43). — Dans le même sens, V. *Economiste français*, 1887, p. 530.

Par un arrêt du 28 janvier 1838 (1), la Cour de cassation a jugé que les membres d'une société de commerce, qui réunissent leurs capitaux ou leur industrie et amènent une baisse dans le prix de certaines marchandises, ne se rendent pas coupables du délit de coalition. Et elle motive ainsi sa décision : la coalition ne peut se former qu'entre plusieurs personnes ; or, une société commerciale, quel que soit le nombre de ses membres, ne constitue légalement qu'une seule personne.

Supposons la même entente entre les membres d'un syndicat professionnel et répétons le raisonnement de la Cour de cassation. Comme une société de commerce, le syndicat jouit de la personnalité civile. Par conséquent, si l'entente que punit l'article 419 existe entre industriels affiliés à un même syndicat, on ne peut lui imputer le délit de coalition; on se trouve en face d'une seule personne, incapable de commettre le délit dont il s'agit.

Certains jurisconsultes repoussent cependant cette assimilation qu'ils vont jusqu'à traiter « d'analogie dangereuse » (2). D'après eux, il y a entre les sociétés commerciales et les syndicats professionnels des différences profondes qui empêchent de les confondre dans une même argumentation. « La société commerciale, dit M. Raoul Jay, peut jouer le rôle d'un détenteur de marchandises, fabricant ou commerçant, et dans ce cas, la personnalité de la société absorbant celle de ses membres; il n'y a au point de vue légal qu'un détenteur unique, dont l'action, quelque abusive qu'elle puisse être, ne saurait être incriminée comme coalition. Le syndicat professionnel au con-

(1) S. 38, I, 241.
(2) Percerou, *op. cit.*, p. 283.

traire, ne peut être ni fabricant, ni commerçant..... Les membres qui le composent peuvent être individuellement détenteurs de marchandises, mais cette qualité persiste entière, malgré leur adhésion au syndicat et le concert formé entre eux pour agir sur les prix est une entente entre plusieurs personnes distinctes... » (1)

Si je comprends bien M. Jay, son argumentation repose sur cette idée que les associations, sociétés de commerce ou syndicats, ne conservent leur personnalité civile qu'autant qu'elles accomplissent des actes conformes à leur objet. On sait déjà que cette théorie, en ce qui concerne les syndicats se trouve infirmée par la loi de 1884 (art. 8). Mais, même en tenant pour vraie l'opinion de M. Jay, comment expliquer que l'entente illicite, qui constitue la coalition, laisse intacte la personnalité d'une société commerciale alors qu'elle anéantit celle d'un syndicat. Il s'agit d'un fait illicite, d'un délit, c'est-à-dire d'un acte qui est interdit à la société comme il l'est au syndicat. L'article 419 ne distingue pas : il punit l'entente entre les principaux détenteurs d'une même marchandise, quels qu'ils soient. Sans doute, il est dans la nature d'une société commerciale de faire des actes de commerce, mais il est contraire à son objet de commettre une infraction, quand bien même celle-ci se dissimulerait sous l'apparence d'une opération commerciale.

D'autre part, il n'est pas ici question d'actes de commerce, que les syndicats, personne ne le conteste, ne peuvent pas accomplir. Si des commerçants ou des fabricants forment entre eux une association professionnelle, ce n'est point pour faire le commerce, mais seulement, ce

(1) Note sous arrêt de Cass. précité (S. 38, I, 241).

qui est bien différent, pour défendre leurs intérêts commerciaux ou industriels. Le syndicat qu'ils créent dans ce but est bien revêtu de la personnalité civile. A ce point de vue, pour parler le langage de M. Jay, la personnalité du syndicat absorbe bien celle de ses membres. Sinon, il faudrait se demander dans quelles circonstances les détenteurs de marchandises bénéficieront de cette personnalité qu'ils recherchent et qui est le plus clair avantage de leur association. Encore une fois, c'est au texte de la loi de 1884 qu'il faut se reporter. D'après cette loi, tout syndicat régulièrement constitué est une personne morale; ce serait mal interpréter les textes que de faire des distinctions là où le législateur a jugé inutile d'en établir.

En définitive, de quelque côté qu'on l'envisage, la question de l'application de l'art. 419 aux syndicats, constitués conformément à la loi, doit se résoudre par la négative. S'il était utile de motiver encore cette conclusion et de rassurer les industriels que cette question intéresse, il suffirait de répéter les paroles de M. Faure dans son rapport sur l'art. 419, lors de sa rédaction : « La disposition ne peut s'appliquer à ces spéculations franches et loyales qui distinguent le vrai commerçant : celles ci, fondées sur des réalités, sont utiles à la société. Loin de créer tour à tour les baisses excessives et les hausses exagérées, elles tendent à les contenir dans les limites que comporte la nature des circonstances et par là servent le commerce en le préservant des secousses qui sont toujours funestes. »

§ IV. —De quelques infractions prévues par des lois spéciales

La théorie de la jurisprudence sur la responsabilité pénale des syndicats est particulièrement choquante, appliquée à certaines contraventions prévues par des lois spéciales, telles que la loi du 28 avril 1816, relative à la déclaration préalable imposée aux débitants de boissons et la loi du 4 juillet 1837 concernant la vérification des poids et mesures.

Les tribunaux, appelés à statuer sur des infractions de cette nature, ont donné parfois des solutions curieuses. Ils reconnaissent que les formalités prescrites par ces lois sont imposées à des catégories déterminées de personnes, sans distinguer entre les simples particuliers et les personnes morales. Il peut donc arriver qu'un syndicat en soit tenu. Néglige-t-il de les accomplir, il commet une infraction ; il devrait donc encourir l'amende attachée à l'inobservation des prescriptions légales. Cette solution, que commandent les termes généraux de la loi, est dans tous les cas repoussée par les tribunaux ; c'est toujours un membre du syndicat qu'ils condamnent.

Mais on chercherait en vain une règle fixe, un principe immuable permettant de déterminer quelle est la personne responsable du fait incriminé. Soit dans les procès-verbaux constatant la contravention, soit dans les jugements, on se heurte à des interprétations variables, à des solutions qui diffèrent suivant les circonstances.

Un groupe cantonal d'un syndicat agricole possédait un local, loué par l'association, servant de lieu de réunion à ses adhérents. Dans ce même local on avait installé une

sorte de cantine où les syndiqués pouvaient consommer
du vin et même prendre leur repas. Or, conformément
aux dispositions de la loi du 28 avril 1816 et de la loi
interprétative du 23 avril 1836, « les cabaretiers, traiteurs,
aubergistes... et autres, donnant à manger au jour, au
mois ou à l'année » doivent faire une déclaration préalable. Le syndicat ayant omis cette formalité, procès-
verbal fut dressé contre lui.

On peut se demander si le syndicat avait réellement
enfreint les dispositions légales. Il semble résulter des
termes mêmes de la loi que la pensée du législateur était
de n'exiger la déclaration que des personnes tenant un
établissement ouvert au public, faisant par conséquent un
commerce réel. Dans l'espèce il s'agissait d'un débit de
boissons dans lequel les membres seuls du syndicat
avaient libre accès. On peut donc légitimement soutenir
que l'association n'était pas tenue de faire la déclaration
et par suite qu'aucune contravention n'avait été commise.
La Cour de Besançon, devant laquelle fut portée l'affaire,
estima qu'il n'y avait pas lieu de rechercher si le syndicat
avait tenté de réaliser un bénéfice, que le fait matériel
de débiter des boissons le soumettait à la déclaration
préalable; en conséquence on devait appliquer les pénalités édictées par l'art. 95 de la loi du 23 avril 1836. Mais
contre qui allait-on prononcer la condamnation?

La loi de 1816 établit une obligation qui — l'arrêt le
constate — pèse sur les débitants, quels qu'ils soient,
simples particuliers ou personnes morales. D'autre part,
lorsque c'est un être juridique, un syndicat par exemple,
qui joue le rôle de débitant, aucun texte de loi n'impose
à une personne déterminée le soin de faire en son nom la
déclaration nécessaire. Cependant la Cour, par un arrêt

du 25 juillet 1889, inflige l'amende au président de l'association. Et elle le déclare pénalement responsable non
pas comme président du syndicat, mais en sa qualité
d' « occupant légal » du lieu où se tenait le débit (1).

Il est impossible de ne pas remarquer l'inexactitude
d'une telle qualification. L'occupant légal d'un immeuble
est celui dont la possession est fondée sur un titre ; or, le
local où était installé le débit avait été loué par l'association ; c'était donc l'association qui occupait légalement
l'immeuble. Il est au moins bizarre d'invoquer dans
un arrêt des raisons aussi peu juridiques et une décision
judiciaire qui est ainsi motivée fournit à la critique un
argument sérieux contre la doctrine qu'elle sanctionne.

On sait que les syndicats agricoles s'efforcent de procurer à leurs membres, à des conditions meilleures de
prix et de qualité, les choses dont ils peuvent avoir besoin pour l'exercice de leur profession : instruments agricoles, semences, engrais, etc... Quelques syndicats servent simplement d'intermédiaire et mettent leurs sociétaires
directement en rapport avec leurs fournisseurs, se
contentant de leur obtenir des remises. Mais la plupart
vont plus loin et ouvrent des magasins, dans lesquels
les adhérents viennent s'approvisionner à certains jours
et à certaines heures.

Les syndicats sont-ils, à raison de ces opérations, assujettis à la vérification des poids et mesures dont ils font
usage, suivant les dispositions de la loi du 4 juillet 1837
(art. 4) et de l'ordonnance du 17 avril 1839 (art. 13 et 15)?

D'après l'article 6 du décret du 26 février 1873 qui a
modifié sur certains points l'ordonnance de 1839, sont

---

(1) Besançon, 25 juillet 1889, S. 89, II, 192.

soumis à la vérification les commerces, industries et professions désignés au tableau A annexé au décret. Quant aux commerces, industries et professions analogues à ceux qui sont énumérés au tableau et qui n'y ont pas été compris, ils peuvent être assujettis à la vérification par un arrêté préfectoral, approuvé par le ministre de l'agriculture et du commerce.

Les syndicats, pensant que le législateur n'avait entendu imposer la vérification qu'aux personnes se livrant au commerce, se croyaient exonérés de cette formalité. En effet, la remise faite aux syndiqués des engrais ou autres produits nécessaires à l'agriculture a lieu dans des entrepôts appartenant aux syndicats ou loués par eux, dont l'accès est interdit au public. Cette transmission de marchandises dans laquelle le syndiqué se trouve être à la fois acheteur et vendeur ne peut pas constituer un acte de commerce, puisqu'elle manque de l'élément essentiel qui caractérise le contrat commercial de vente : la réalisation d'un bénéfice.

En conséquence, nombre de syndicats décidèrent de refuser, le cas échéant, l'entrée de leurs magasins aux vérificateurs. Lorsque ceux-ci se présentèrent (1), ils ne purent exercer leur contrôle ; ils dressèrent des procès-verbaux. Leur rédaction est intéressante en ce qu'elle

(1) Ils s'appuyaient sur les dispositions d'arrêtés préfectoraux qui ne visaient que les coopératives, confondant ainsi deux sortes d'associations (sociétés coopératives et syndicats) pour les soumettre l'une et l'autre aux mêmes mesures fiscales (arr. préf. de la Drôme du 14 avril 1897 ; arr. préf. de l'Isère du 26 avril 1897) (appr. par min. du comm. le 29 avril 1897) ; arr. préf. du Rhône du 21 juin 1897 (app. par min. du comm., le 26 juin 1897).

montre les incertitudes de l'administration et les divergences de vues de ses agents sur ce point spécial : à la
charge de quelle personne convient-il de mettre la contravention constatée?

A la date du 5 juin 1898, le vérificateur se présente aux
magasins dépendant d'un syndicat agricole du département de l'Ain. Un membre de la Chambre du syndicat lui
avait notifié, quelques jours auparavant, la décision de
l'association qui avait résolu de ne pas se soumettre à la
vérification. C'est contre le président du syndicat que le
procès-verbal est dressé. Le secrétaire d'un syndicat de la
Drôme refuse de laisser l'agent de l'administration pénétrer
dans les entrepôts dont il a la garde. Cette fois c'est
encore le président, qui est déclaré l'auteur de l'infraction.
(Procès-vorbal du 14 juin 1898.)

Dans le même département, trois syndicats agricoles,
obéissant à une direction commune, ont décidé de ne pas
subir le contrôle du vérificateur. Celui-ci dresse une
triple contravention contre les membres du syndicat qui
lui ont refusé l'entrée des magasins : ce sont les préposés
à la vente des marchandises de deux syndicats et le tréso-
rier du troisième (Procès-verbaux des 18 et 31 mars 1898
et du 2 avril 1898).

On peut s'étonner à bon droit que les avertissements
soient donnés à des agents subalternes des associations,
pris en leur qualité de représentants du syndicat. Ils sont
sans qualité pour représenter en justice le syndicat. Le
représentant légal seul autorisé à ester en justice au nom
de la corporation est le Président, à défaut de désignation
spéciale par les statuts.

Ces hésitations, ces tâtonnements qu'on remarque dans
les procès-verbaux de l'administration, ne reparaissent

pas dans les jugements de tribunaux de simple police que
j'ai eu l'occasion d'examiner. Là, c'est toujours le Président du syndicat qui est déclaré pénalement responsable ;
c'est toujours lui qui est condamné à l'amende (1). Faut-
il voir dans cette jurisprudence l'expression d'une doctrine
parfaitement définie, d'après laquelle le président est tenu,
en sa qualité de représentant du syndicat devant la
loi, de répondre des infractions commises au nom de
l'association ? Les motifs qui accompagnent certaines
décisions prouvent qu'il serait téméraire de l'affirmer.

Le juge de paix d'un canton de la Drôme avait à juger,
pour infraction à la loi de 1837, trois individus membres
de syndicats différents. Ces syndicats avaient à leur tête
le même président. Le juge renvoie les trois prévenus
des fins de la poursuite et retient, comme seul auteur des
infractions, le président des syndicats, sous prétexte que
« la bonne foi des prévenus, qui ne sont que des employés
salariés des syndicats, permet de faire remonter la culpabilité jusqu'à l'auteur des ordres donnés, dont l'exécution imposée a motivé les contraventions rappor-
tées » (2).

Dans tous ces cas et autres semblables, il serait, semble-
t-il, plus conforme à la loi de décider que la contravention
est le fait du syndicat. L'obligation dont l'inaccomplisse-
ment constitue une infraction punissable pèse sur l'association ; en cas d'inobservation des prescriptions légales,
l'amende devrait logiquement toucher le syndicat, véritable auteur de l'infraction. Remarquons du reste qu'en

(1) Tr. paix Montluel (Ain), 22 août 1898 ; Die (Drôme), 28 août
1898.

(2) Tr. paix Crest (Drôme), 12 juillet 1898.

fait l'amende, prononcée contre le chef du syndicat, est payée par la caisse de la corporation. S'il en était autrement les syndicats auraient quelque difficulté à trouver des personnes dont le dévouement irait jusqu'à accepter personnellement les charges pécuniaires qui résulteraient des infractions commises de par la volonté du groupe syndical.

Et puis, demander aux tribunaux de faire supporter à la collectivité l'amende qu'ils infligent au directeur seul de l'association, ce n'est pas les contraindre à violer les principes de notre droit sur l'imputabilité des fautes. Nous allons voir au contraire que la loi de 1884, en donnant à l'autorité judiciaire la faculté de prononcer la dissolution des syndicats, a reconnu, d'une façon confuse peut-être, mais précieuse à constater, qu'une faute peut émaner de la collectivité syndicale et engager la responsabilité de l'être moral lui-même.

CHAPITRE II

DE LA DISSOLUTION JUDICIAIRE DES SYNDICATS PROFESSIONNELS

Les syndicats professionnels répondent à un besoin permanent. Ils peuvent donc avoir une durée illimitée. Le nombre de leurs adhérents peut s'accroître ou diminuer ; ces changements n'ont aucune influence sur l'existence de l'association qui subsiste malgré les modifications survenues dans la composition du groupe syndical. Mais il se peut qu'un syndicat ait été formé en vue d'un but spécial à atteindre, une réforme législative par exemple, ou encore la fin d'une grève. Une fois le but réalisé, l'association disparaît faute d'objet ; son extinction résulte de la convention même des parties.

D'une façon plus générale, on peut dire que les membres d'un syndicat ont la faculté d'en prononcer la dissolution quand ils le jugent à propos, pourvu qu'ils observent les conditions réglées par les statuts. Rien n'empêche en effet les syndiqués de rompre librement le lien qui les unit, s'ils le font loyalement, sans fraude, et non dans le but d'échapper à l'accomplissement des obligations qui pèsent sur leur association.

A côté de cette dissolution volontaire, qui n'est que la conséquence d'un droit, il existe une dissolution forcée que les tribunaux peuvent dans certains cas infliger aux syndicats. C'est l'article 9 de la loi de 1884 qui permet à l'autorité judiciaire de dissoudre les associations professionnelles quand leurs agissements sont en opposition avec certaines dispositions légales.

L'article 9 § 1 est ainsi conçu : « Les infractions aux dispositions des articles 2, 3, 4, 5 et 6 de la présente loi seront poursuivies contre les directeurs ou administrateurs des syndicats et punies d'une amende de 16 à 200 francs. Les tribunaux pourront en outre, à la diligence du procureur de la République, prononcer la dissolution du syndicat et la nullité des acquisitions d'immeubles faites en violation des dispositions de l'article 6. »

Avant de qualifier la nature de cette sanction spéciale, que les tribunaux ont la faculté d'appliquer aux syndicats, et d'en étudier les conséquences, je vais passer en revue les infractions auxquelles elle est attachée.

SECTION I

Des Cas de Dissolution prévus par l'Article 9.

§ I. — Infractions relatives à la constitution des syndicats.

1. *Infraction à l'article 2.* — Les individus qui veulent former un syndicat doivent, aux termes de l'article 2, « exercer la même profession, des métiers similaires ou connexes, ». Il faut donc tout d'abord, pour qu'une association professionnelle soit régulièrement constituée, que les membres qui la composent exercent une profession. Ce terme, que le législateur n'a pas défini, conserve ici son sens ordinaire, à savoir l'exercice habituel et régulier de certains travaux. Il en résulte que la faculté d'asso-

ciation, telle que l'organise la loi de 1884, est accordée non seulement aux divers métiers qui se rattachent à l'industrie, mais aussi aux professions dites libérales.

On a cependant contesté cette solution. Quelques auteurs prétendent que l'application de l'article 2 doit être restreinte aux professions industrielles, commerciales ou agricoles (1). Cette interprétation, que la Cour de cassation a admise dans un arrêt du 27 juin 1885 (2), refusant aux médecins le droit de se syndiquer, est contraire à l'esprit et au texte de la loi. Dans la pensée du législateur, la loi de 1884 était une loi très large, dont pourraient se servir « un grand nombre de personnes, auxquelles tout d'abord on n'avait pas pensé ». Et le rapporteur au Sénat, M. Tolain, après avoir reconnu le caractère libéral du projet en discussion, terminait ainsi sa déclaration : « En un mot, toute personne qui exerce une profession, ainsi qu'il est dit dans la loi, aura le droit de se servir de la nouvelle législation que vous allez voter. » Cette manière de voir se trouve consacrée par la disposition de l'article 2 qui exige l'exercice d'une profession, sans distinguer entre les professions manuelles et les autres professions. Or, les professions libérales sont certainement des professions proprement dites (3), et il faudrait un texte formel pour leur refuser le droit de se syndiquer. Ce texte ne se trouve pas dans la loi de 1884. Cette doctrine a été adoptée du reste par un certain nombre de tribunaux et de Cours

---

(1) Pic, *Tr. élément. de législat. indust.*, 1re partie, p. 106.

(2) Cass., 27 juin 1885, D. 86, I, 137.

(3) La loi du 15 juillet 1850 sur les patentes les qualifie toutes du terme de professions.

d'appel qui n'ont pas admis la théorie restrictive conçue par la Cour de cassation (1).

En ce qui concerne spécialement les médecins, chirurgiens-dentistes et sages-femmes, la loi du 30 novembre 1892 sur l'exercice de la médecine a fait cesser toute équivoque, en leur accordant dans son article 13 le droit de se syndiquer, dans les conditions de la loi du 21 mars 1884, pour la défense de leurs intérêts professionnels « à l'égard de toutes personnes autres que l'État, les départements et les communes ».

Toutefois, le bénéfice de la loi ne doit pas être étendu à toutes les professions sans exception. Les avocats, les officiers ministériels ne peuvent pas se syndiquer. Pour eux, il existe des Chambres professionnelles, organisées par des lois et règlements spéciaux qui excluent l'application de la loi de 1884. De même, un syndicat de fonctionnaires publics, militaires, magistrats, ministres des cultes reconnus, serait illégal; il serait une véritable coalition de fonctionnaires, délit prévu et puni par les articles 123 et suivants du Code pénal.

S'il est nécessaire d'exercer une profession pour faire partie d'un syndicat, la loi n'exige pas que tous les membres d'une même association exercent une profession identique; il suffit qu'il y ait entre eux une certaine parenté professionnelle, c'est-à-dire une communauté d'intérêts fondée sur la similitude ou la connexité des professions exercées. La qualification de métiers similaires

---

(1) Tr. civ. Seine, 10 mars 1890, S. 90, II, 144; Provins, 15 avril 1897, *Rev. des Soc.*, 1897, p. 509; Paris, 1er décembre 1898, *Rev. des Soc.*, 18 fév. 1898, p. 62, et *Circ. du Musée social*, mars 1900, p. 102.

s'applique aux métiers qui ont entre eux certains points de contact : boulangers et pâtissiers ; fondeurs, forgerons et ajusteurs. Par professions connexes, il faut entendre celles qui concourent à l'établissement de produits déterminés ; ainsi peuvent se syndiquer entre eux les ouvriers des diverses industries concourant à la construction d'un navire, ou encore les ouvriers appartenant aux diverses professions dont l'ensemble constitue l'industrie du bâtiment.

Cette unité du but qui caractérise la connexité suffit à justifier la légalité des syndicats mixtes, c'est-à-dire composés de patrons et d'ouvriers, et on ne comprend guère qu'on ait pu contester sérieusement cette solution (1).

En somme, pour échapper aux amendes qu'édicte l'article 9 contre les administrateurs et à la dissolution, les syndicats professionnels doivent d'abord rigoureusement éviter d'admettre dans leur sein des éléments étrangers à toute profession ou appartenant à des professions absolument dissemblables, n'ayant entre elles aucun lien d'analogie ou de connexité (2). Aussi, les syndicats ne peuvent-ils comporter l'admission de membres honoraires qu'à la condition que ces membres restent honoraires, c'est-à-dire ne prennent aucune part active au fonctionnement de l'association (3).

2. *Infraction à l'article 4.* — Cet article contient deux dispositions distinctes : l'une prescrit de publier les statuts;

(1) V. Sénart, *Bull. des agricult. de France*, mai 1885, p. 381 et s.
(2) C. de Paris, 4 juillet 1890, S. 1891, II, 7.
(3) Tr. civ. Bordeaux, 8 février 1889, *Rev. des Soc.*, 1889, p. 381 et uiv.

l'autre indique les conditions requises pour administrer l'association syndicale.

Aucune autorisation préalable n'est nécessaire pour la création des syndicats professionnels. Ceux qui ont pris l'initiative de fonder un syndicat peuvent en ordonner la constitution comme ils l'entendent, en dehors de tout contrôle administratif. Mais, pour permettre à l'autorité de vérifier si l'objet du syndicat est licite et pour donner en même temps aux tiers le moyen de connaître ceux des syndiqués qui auront le pouvoir de traiter avec eux au nom du syndicat, la loi exige que les statuts soient déposés · ainsi que les noms de ceux qui doivent participer à un titre quelconque à la direction ou à l'administration du syndicat. Pour les mêmes motifs, les modifications qui peuvent être apportées aux statuts primitifs et les changements qui peuvent survenir dans l'administration doivent être également publiés. A Paris, le dépôt se fait à la Préfecture de la Seine ; dans les départements, à la mairie de la localité où le syndicat a été établi. D'après l'article 4, les fondateurs sont chargés d'accomplir cette formalité. Plus exactement, c'est aux administrateurs ou directeurs du syndicat à effectuer le dépôt prescrit par la loi, puisque, en cas d'omission, ce sont eux que l'article 9 déclare pénalement responsables.

La loi ne fixe aucun délai pour l'exécution de cette obligation ; mais la circulaire ministérielle de 25 août 1884 formule une règle qui paraît conforme aux intentions du législateur. Pendant la période de formation, aucune formalité n'est exigée ; mais, dès que les statuts sont définitivement arrêtés et approuvés, c'est-à-dire du jour où commence pour le syndicat la période de fonctionnement, la formalité du dépôt devient obligatoire. Les administrateurs ou directeurs ne peuvent s'en dispenser sans s'exposer à l'amende et exposer le syndicat à la dissolution.

La jurisprudence a fait de cette règle une application qu'il est intéressant de rapporter. En 1892, le Conseil municipal de Paris mit à la disposition d'un certain nombre d'associations professionnelles un vaste immeuble, la Bourse du travail. Plusieurs de ces syndicats, dont la plupart avaient une existence antérieure à la loi de 1884, avaient négligé d'accomplir la formalité du dépôt. Malgré les avis réitérés de l'autorité les rappelant à l'observation de la loi, ils persistèrent dans leur refus de faire la déclaration prescrite. Poursuivis de ce chef devant le tribunal correctionnel de la Seine, les administrateurs furent condamnés à l'amende et la dissolution des syndicats réfractaires fut prononcée. Le tribunal décida avec raison que la prescription de la loi est formelle et que le fait, invoqué par les prévenus, d'avoir été mis officiellement par les pouvoirs publics en possession de la Bourse du travail ne suffisait pas à les dispenser de l'obligation du dépôt (1).

Le même article 4 contient une seconde disposition relative à la capacité nécessaire pour administrer un syndicat professionnel. Les administrateurs ou directeurs doivent remplir trois conditions : être membres du syndicat, Français et jouir de leurs droits civils. Si l'on prend ces derniers mots à la lettre, la troisième condition se confond avec la précédente. En effet, depuis la loi du 31 mai 1854, abolissant la mort civile, ceux-là seuls sont privés de la jouissance de leurs droits civils qui ont perdu la qualité de Français, c'est-à-dire sont devenus étrangers. D'après

_____

(1) Tr. corr., Seine, 10 août 1893, *Rev. des Soc.*, 1893, p. 465 et suiv.

s. — 7

la circulaire du 25 août, la loi entend par Français qui ne jouissent pas de leurs droits civils « ceux auxquels une condamnation a enlevé l'exercice de quelques-uns de ces droits ». Cette interprétation répond certainement à l'intention du législateur, dont une formule défectueuse a inexactement exprimé la pensée.

Par conséquent, sont incapables de prendre part à la direction ou à l'administration d'un syndicat : les condamnés à une peine criminelle ou même à la dégradation civique (art. 2 et 3 de la loi de 1854, art. 34 C. pén.) ; les condamnés à la dégradation militaire, laquelle entraîne la dégradation civique (art. 190 C. de just. milit.) ; les individus privés de certains droits civils par suite de condamnations correctionnelles (art. 42 C. pén.) et enfin tous ceux qui ont été déclarés déchus de la puissance paternelle (art. 1, 2 et 3 de la loi du 24 juillet 1889).

En somme, c'est l'exercice et non pas seulement la jouissance des droits civils que la loi exige en la personne des administrateurs ; d'où il suit que les femmes mariées, les mineurs, les individus en état d'interdiction judiciaire ou placés dans un établissement d'aliénés, ne peuvent pas remplir ces fonctions.

§ II. — Infractions relatives au fonctionnement des syndicats

1. *Infraction à l'article 5.* — D'après l'article 5, les syndicats régulièrement constitués peuvent se grouper pour l'étude et la défense de leurs intérêts communs ; ils forment alors une *Union de syndicats.* Les associations professionnelles qui composent l'Union doivent être établies

conformément à la loi; l'irrégularité d'un seul syndicat vicierait la constitution de l'Union tout entière qui pourrait être alors dissoute par le tribunal.

Les Unions ont aussi des formalités de publicité à remplir. Elles doivent déclarer à la mairie de la localité où se trouve leur siège, les noms des syndicats affiliés. La loi n'impose aucune autre obligation et notamment elle n'exige pas d'une façon expresse le dépôt des statuts et des noms des administrateurs. Toutefois il est bon de remarquer que le législateur de 1884 était peu favorable aux Unions et qu'il a dû par conséquent exiger d'elles les mêmes formalités que des syndicats. D'ailleurs l'article 9 punit les administrateurs en cas d'infraction à l'article 5; or, le parquet ne peut connaître l'existence de l'infraction et les noms des coupables que si les statuts ont été déposés avec les noms des administrateurs (1).

Comme les syndicats, les Unions ne peuvent s'occuper que des intérêts économiques, industriels, commerciaux et agricoles communs à leurs membres ; sinon elles violent l'article 5 et peuvent encourir la dissolution. Enfin, quoique la loi soit muette sur ce point, les administrateurs ou directeurs de l'Union doivent remplir les mêmes conditions que ceux qui participent à l'administration d'un syndicat, c'est-à-dire être Français, membres d'un des syndicats unis et jouir de leurs droits civils (2).

2. *Infraction à l'article 6.* — Les syndicats professionnels, étant des personnes morales, peuvent avoir un

(1) Cette solution est celle qu'indique la circulaire interprétative du 25 août.

(2) Pic, *op. cit.*, p. 155.

patrimoine, formé tout d'abord par les cotisations des associés, par les dons qui peuvent leur être faits, les subven-
tions administratives qu'on leur alloue, et enfin par des
acquisitions de meubles ou d'immeubles. En matière mobilière, la capacité d'acquérir des syndicats n'est soumise à
aucune restriction. Par contre, ils ne peuvent posséder
que certains immeubles, ceux qui sont « nécessaires, dit
l'article 6, à leurs réunions, à leurs bibliothèques et à des
cours d'instruction professionnelle. »

Il convient toutefois de ne pas donner aux termes de
cette disposition un sens trop restrictif et de reconnaître
avec la majorité des auteurs que la loi a voulu empêcher
seulement l'acquisition d'immeubles de placement, de rapport; une telle opération présente en effet un caractère
lucratif contraire au but de l'institution syndicale et aux
principes posés dans l'article 3 de la loi de 1884. Ainsi
l'achat d'un immeuble pour la création d'un cercle, ouvert
aux membres seuls de l'association, ne constituerait pas
une violation de l'article 6. Serait également licite l'acquisition par un syndicat agricole d'immeubles « destinés
à servir de champs d'expérience et de culture ration-
nelle » (1). De même encore, les immeubles des syndicats
agricoles peuvent comprendre « des bureaux, magasins et
des locaux spéciaux pour les animaux et les marchandises
qu'ils détiennent à raison de leurs opérations » (2).

Mais toute acquisition immobilière qui n'est pas destinée
à assurer le fonctionnement légal du syndicat est rigoureusement prohibée. Si un achat de cette nature a été conclu
par le syndicat, l'immeuble irrégulièrement acquis sera

(1) Pic, *op. cit.*, p. 134.
(2) Boullaire, *Man. des synd. prof. agr.*; p. 96.

vendu sur la réquisition du procureur de la République ou à la demande des parties intéressées et le prix en sera versé à la caisse de l'association (art. 8). Si le syndicat est devenu possesseur de l'immeuble par suite d'une libéralité quelconque, l'immeuble fera retour aux disposants, à ses héritiers ou ayants cause. En outre, l'amende édictée par l'article 9 sera infligée aux administrateurs et la dissolution du syndicat pourra être prononcée.

Cette restriction, concernant les acquisitions immobilières, est la seule dont la violation constitue une infraction à l'article 5. Cet article ne contient aucune autre disposition prohibitive. C'est donc à tort que quelques auteurs(1) ont contesté aux syndicats le droit d'acquérir à titre gratuit. Les travaux préparatoires, qu'ils invoquent, prouvent au contraire qu'ils peuvent recevoir des dons ou legs. En effet un amendement avait été présenté, refusant aux associations professionnelles la faculté d'acquérir à titre gratuit ; il fut repoussé (2). De plus l'article 8 suppose nécessairement qu'un syndicat peut être le bénéficiaire d'une libéralité, puisqu'il frappe de nullité la donation et le legs faits au syndicat, quand ils ont pour objet un immeuble autre que ceux dont parle l'article 6.

3. *Infraction à l'article 3.* — Cet article définit et limite l'objet des syndicats professionnels. « Les syndicats, dit-il, ont exclusivement pour objet l'étude et la défense des intérêts économiques, industriels, commerciaux et

---

(1) Hubert-Valleroux, *Les corporat. d'arts et métiers et les synd. prof.*, p. 364 et suiv. ; Victor du Bled, *Rev. des Deux-Mondes*, 1er sept. 1889, p. 109.

(2) *J. off.* 1883, Ch., Déb. parl., p. 1339.

agricoles. » Tout ce qui intéresse la profession qu'ils représentent est dans leur rôle : questions de salaires, réglementation du travail, impôts, douanes, etc..... Il est impossible de tenter l'énumération complète des diverses questions dont l'étude rentre dans les attributions légales des syndicats ; l'objet spécial de chaque association varie suivant la nature des professions exercées par les membres qui la composent. Du reste, si des difficultés s'élèvent sur ce sujet, c'est au tribunal qu'il appartient de les trancher.

Cependant quelques développements paraissent nécessaires pour donner au texte de l'article 3 une signification précise. Un arrêt de la Cour de Douai du 26 octobre 1892, important par la doctrine qu'il sanctionne, m'en fournit l'occasion.

En 1890, fut fondée à Lille l'Association professionnelle des patrons du Nord, dite Syndicat de Notre-Dame-de-l'Usine. Deux ans plus tard, le parquet, relevant dans les agissements du syndicat une violation de la loi de 1884, intenta des poursuites contre ses administrateurs. Le tribunal correctionnel de Lille trouva dans les faits incriminés une double infraction à la loi : l'Association avait fréquemment admis à prendre part à ses travaux et à ses délibérations des personnes étrangères à l'industrie textile à laquelle appartenaient les patrons syndiqués. De plus elle s'était occupée des intérêts moraux et religieux de ses membres, contrevenant ainsi à la disposition de l'article 3. Je ne m'arrête ici qu'à la seconde infraction visée dans le dispositif du jugement du tribunal de Lille et maintenue dans l'arrêt de la Cour d'appel de Douai (1).

(1) Tr. corr. Lille, 9 juillet 1892 ; C. Douai, 26 octobre 1892. *Rev. des Soc.* 1893, p. 25 et suiv.

Il résulte des motifs indiqués dans ces deux décisions que les syndicats doivent borner leurs efforts à l'étude des questions *matérielles* que comporte l'exercice de la profession qu'ils représentent. Or, est-ce là tout ce que la loi permet aux syndicats ? leur défend-elle réellement de se préoccuper des questions qui ont à la fois un caractère matériel et moral ? Non, les termes de la loi ne cachent pas une pareille prohibition. L'article 3 dit seulement que l'objet exclusif des syndicats est l'étude des intérêts professionnels. En circonscrivant ainsi leur sphère d'action, le législateur a voulu empêcher que la liberté d'association, accordée par la loi nouvelle, profitât à des groupements qui, sous la dénomination mensongère de syndicats professionnels, dissimuleraient un but politique ou religieux. Mais là s'arrête l'interdiction ; il faut vraiment déformer le sens des mots pour prétendre qu'elle atteint des patrons qui, s'étant groupés pour étudier leurs intérêts, se soucient des obligations matérielles et morales qu'ils ont à vis-à-vis de leurs ouvriers.

M. Hubert-Valleroux a démontré nettement qu'ici la question religieuse touche à l'intérêt économique. « Voici des patrons, dit-il, qui estiment que l'enseignement chrétien fait des ouvriers honnêtes et exacts sur qui l'on peut faire fond, au lieu de ces ouvriers irréguliers ou rebelles, trop nombreux aujourd'hui. Ils estiment que seules les croyances religieuses enseignent aux patrons leurs devoirs : devoirs envers leurs collègues, devoirs envers leurs ouvriers ; de quel droit les empêcherait-on de proclamer cette croyance et d'en faire la base de leurs actes comme syndiqués ? C'est, à leurs yeux, asseoir sur une base solide et ferme l'action économique qui fait l'essentiel de leur institution. Sur quelle disposition de la loi s'appuie-t-on pour leur défendre d'avoir cette conviction de la dire et d'agir en conséquence ? » (1).

Il est à souhaiter que la jurisprudence qui, en maintes circonstances, a paru méconnaître le caractère libéral de la loi de 1884, apporte un esprit plus large dans l'interprétation de ses dispositions.

Ce n'est d'ailleurs que lui demander un peu de logique. Les questions politiques sont, au même titre que les questions religieuses, en dehors des attributions légales des syndicats. Or, à l'époque des dernières élections législatives, on a pu voir certains syndicats élaborer de véritables programmes politiques, proposant sur quelques points particuliers des modifications à la législation existante, demandant l'adoption de tels projets de loi ou repoussant telle réforme annoncée. Ces programmes qui, je me hâte de le dire, avaient trait à certains problèmes économiques intéressant directement les membres des corporations, furent soumis aux candidats de plusieurs circonscriptions électorales. Les uns crurent prudent de ne pas révéler leur opinion ; d'autres au contraire les approuvèrent ouvertement et s'engagèrent à les soutenir. Ces derniers seuls furent jugés dignes d'entrer au Parlement par les Chambres syndicales qui s'empressèrent de recommander leur élection à leurs adhérents.

Cette immixtion des syndicats dans la politique ne causa pas d'alarme à l'autorité et les parquets jugèrent inutile d'entreprendre des poursuites contre les administrateurs. L'inaction du ministère public était absolument justifiée. Sans doute s'occuper d'une élection de député, c'est faire de la politique. Mais lorsqu'il s'agit d'élire un candidat

____

(1) Note sous arrêt précité, *Rev. des Soc.* 1893, p. 25.

dont la fonction sera précisément de s'occuper des intérêts économiques que le syndicat lui-même s'est proposé de défendre, le caractère politique de l'élection s'efface, il n'y a plus qu'un acte professionnel, la disposition de l'art. 3 est respectée (1).

On peut donc conclure avec M. Pic que, « dès l'instant que la question professionnelle apparaît au premier plan, l'intervention du syndicat est légitime » (2).

Les opérations qualifiées actes de commerce par l'article 632 du Code de commerce sont également interdites aux syndicats. D'une façon générale, ils ne peuvent pas acheter pour revendre dans le but de se procurer un bénéfice. Mais il faut se garder à cet égard d'une confusion facile. Ce que la loi défend, ce sont les opérations lucratives ; elle n'empêche pas les syndicats d'acheter pour le compte de leurs membres, à la condition que, tout en servant les intérêts particuliers des syndiqués, ils servent aussi l'intérêt général, c'est-à-dire la profession représentée par l'association. Ainsi, l'on voit fréquemment des syndicats agricoles acheter une certaine quantité d'engrais qu'ils répartissent ensuite entre leurs adhérents, suivant les besoins de chacun d'eux. Y a-t-il là une pratique illicite ? Assurément non ; en se livrant à cette opération, les syndicats ont seulement pour objet de permettre à leurs membres d'améliorer les moyens de culture ; ils font œuvre utile pour l'agriculture (3). Par contre si le

(1) Voir un jugement du trib. corr. Albi, 9 avril 1898, *Gaz. des trib.* 98, II, 473, qui indique comme constituant une violation de l'art. 3 le fait de subventionner des journaux politiques.

(2) Pic, *op. cit.*, p. 116.

(3) E. Voron, *Rev. cath. des inst. et du dr.*, 1895, p. 193 et suiv. — Presque tous les auteurs admettent la validité de ces achats lorsque

syndicat poursuit la réalisation d'un bénéfice, il accomplit un acte en dehors de son objet, il viole l'article 3 et peut encourir la dissolution (1).

En somme, il résulte de l'article 3 que le syndicat peut être dissous chaque fois qu'il fait un acte en dehors du but que la loi lui a assigné. En conséquence, le tribunal ne peut-il pas prononcer la dissolution d'un syndicat quand on peut mettre à la charge de celui-ci un fait incriminé par la loi pénale ? Au premier abord, on serait tenté de l'admettre ; tout délit est en effet contraire au but du syndicat, il constitue donc une infraction à l'article 3. Mais il faut remarquer que l'association peut commettre un acte illicite à l'occasion de la défense des intérêts professionnels ; dans ce cas, elle a mal agi, elle a accompli un fait qui peut à certain point de vue engager sa responsabilité, mais elle a agi en vue d'un objet licite.

---

les syndicats n'en retirent aucun bénéfice ; mais, pour expliquer cette solution, ils font intervenir l'idée d'un mandat qui serait donné au syndicat par ses membres. Le syndicat ne serait donc qu'un simple intermédiaire mettant les syndiqués en rapport avec leurs fournisseurs. Ce cas peut se présenter, mais bien souvent il est impossible de trouver trace d'un mandat quelconque émanant des membres du syndicat.

La jurisprudence a reconnu depuis longtemps la validité des opérations de cette nature, en matière de sociétés coopératives (Bourges, 19 janvier 1869, D. 69, II, 133) ; elle a adopté la même solution en ce qui concerne les syndicats professionnels (C. Toulouse, 26 mars 1889, *Rev. des Soc.* 1889, p. 403 ; tr. comm. Marseille, 19 juillet 1889, Rec. de Marseille 296, I, 1889).

(1) En outre, il devient une société de commerce, constitué contrairement aux dispositions de la loi du 24 juillet 1867 sur les sociétés, et ses administrateurs s'exposent aux pénalités sévères qu'édicte cette loi.

Il s'ensuit qu'il n'y a pas réellement violation de l'article 3, la dissolution est inapplicable.

SECTION II

Caractères et Effets de la Dissolution

§ I. — Caractères.

D'une façon générale, la dissolution est la suppression même de l'association. Elle s'applique aussi bien aux associations qui ne sont pas douées de la personnalité civile qu'à celles qui sont des personnes morales.

On la présente généralement comme une faculté corrélative du droit qui appartient à l'État de créer des associations. L'État, qui a le libre pouvoir de donner l'existence juridique à une collectivité, peut la lui retirer s'il le juge à propos. Cette règle s'applique bien aux syndicats professionnels, mais avec les restrictions que la loi elle-même y a apportées.

La loi de 1884, en même temps qu'elle énumère les conditions auxquelles est soumise la constitution des syndicats, détermine les faits qui peuvent entraîner leur dissolution, faits que j'ai indiqués dans la section précédente. Par conséquent, il n'est pas rigoureusement exact de dire, en ce qui concerne les corporations syndicales, que l'État est maître absolu de les anéantir, quand il le veut. Il a réglementé lui-même l'exercice de ce droit en disposant que la dissolution des associations professionnelles ne pourrait être prononcée par les tribunaux qu'en cas d'infraction aux articles 2, 3, 4, 5 et 6 de la loi de 1884. Suit-il de là que la dissolution soit une véritable pénalité ou ne faut-il pas plutôt l'envisager comme une sanction civile, destinée à assurer l'accomplissement des obligations imposées aux syndicats? La question est intéressante, car si la dissolution apparaît comme une peine, il faut reconnaître du même coup que le législateur a admis la doctrine de l'imputabilité de certains délits aux syndicats.

Dans une hypothèse tout au moins, on serait tenté d'affirmer que la dissolution n'est ni une peine, ni même une sanction civile : c'est le cas où elle est prononcée pour inobservation des formalités de publicité édictées par les articles 4 et 5 et relatives au dépôt soit des statuts, soit de la liste des syndicats devant former une Union. Dans ce cas, la mesure qui atteint les syndicats, qui ne se sont point conformés aux prescriptions légales, est, semble-t-il, improprement désignée sous le nom de dissolution. Ne serait-ce pas plutôt une simple constatation d'inexistence, un double avertissement public ayant pour but d'une part de rappeler l'association qui s'organise à l'observation des formes établies par la loi et d'autre part de prémunir les tiers contre les dangers qui pourraient résulter de leurs rapports avec une association de fait, dépourvue de toute existence légale ?

Cette façon de voir serait exacte si les syndicats ne devenaient réellement des personnes morales qu'après l'accomplissement des formalités de publicité exigées par l'article 4. Mais cette obligation est sans influence sur la personnalité civile des associations professionnelles ; celles-ci en jouissent dès qu'elles sont créées, indépendamment de toute condition de forme.

La difficulté reste donc entière et l'on n'aperçoit guère le moyen de préciser la nature de la dissolution et de lui

assigner une place parmi les diverses sanctions de notre
législation pénale ou civile.

Parlant des personnes morales en général, Ortolan
dit que la dissolution qui peut leur être infligée est une
mesure de préservation sociale prise contre les collectivités dont les agissements sont contraires au but qui leur a
été assigné. « Créées en vertu de la loi pour l'utilité
qu'elles peuvent avoir, dit-il, les personnes juridiques
peuvent être détruites quand leur existence se tourne en
danger contre la société générale. Et si la dissolution est
soumise dans certains gouvernements à des conditions
marquées, à la constatation d'écarts ou d'abus déterminés, à l'intervention des tribunaux ou à l'observation de
certaines formes, c'est comme garantie de la liberté et des
droits du citoyen à cet égard, et non comme règle de
pénalité. »

A cela on peut objecter que notre droit pénal tout
entier n'est organisé que pour assurer entre les droits et
les relations des individus l'équilibre, l'harmonie qui constitue l'ordre social et la tranquillité publique. D'autre part,
de même que toute peine est appliquée par les juridic-
tions répressives et à la suite d'un fait incriminé par un
texte positif, de même la dissolution ne peut être prononcée contre un syndicat que par les tribunaux correction-
nels et seulement en cas d'infraction aux articles 2, 3, 4,
5 et 6 de la loi de 1884. Enfin les travaux préparatoires
prouvent que, dans l'esprit du législateur, la dissolution
était une mesure pénale. « Nous avons pensé, déclarait
le rapporteur à la Chambre, M. Allain-Targé, que cette
pénalité était à la fois excessive, inefficace et peu équitable... » Ainsi, c'est comme une véritable peine que la
dissolution fut présentée au Parlement, c'est à ce titre

qu'elle fut rejetée par la Chambre des Députés, rétablie par le Sénat et définitivement adoptée.

Et cependant, dans la disposition de l'article 9 qui énumère les sanctions destinées à assurer l'exécution de la loi la dissolution figure à côté de la nullité des acquisitions immobilières, et l'article dispose que le tribunal ne pourra prononcer l'une ou l'autre qu'à la diligence du procureur de la République. Le rapprochement est-il fortuit? ne doit-on pas voir plutôt dans cette soumission aux mêmes formes d'application la preuve d'une similitude de caractères, d'une identité de nature entre ces deux sanctions? Et puis, il ne faut pas oublier que le syndicat a la faculté de se dissoudre lui-même; or, peut-on concevoir que le même fait, la fin de l'association professionnelle, puisse être à la fois l'exercice d'un droit et la conséquence d'une peine?

On ne voit pas trop du reste à quel type de pénalité on pourrait assimiler la dissolution. On a dit d'elle, il est vrai, qu'elle est la peine de mort des personnes juridiques. Ce n'est là qu'un rapprochement spécieux. Si le syndicat dissous n'existe plus, cette extinction n'est pas irrévocable, en ce sens que les membres de la corporation atteinte par la dissolution peuvent former un nouveau syndicat qui, s'il n'a rien de commun avec l'ancien au point de vue légal pourra en fait leur procurer les mêmes avantages.

Quoi qu'il en soit, cette mesure d'aspect divers, de physionomie complexe, produit des conséquences importantes qu'il est temps d'examiner. Sur ce point encore, le législateur a négligé d'établir des règles positives, et pour y suppléer les commentateurs n'ont plus que la ressource du droit commun.

§ II. — Conséquences de la dissolution.

A) *Liquidation.*

Le syndicat frappé de dissolution cesse d'exister, en tant qu'association professionnelle. Il n'y a plus désormais, au regard de la loi, que des individus qui, s'ils continuaient de se réunir, formeraient une association illicite tombant sous le coup de l'article 291 du Code pénal.

Cependant le syndicat ne disparaît pas, à vrai dire, du jour où il est dissous; la dissolution n'anéantit pas brusquement l'association; elle arrête seulement sa vie juridique ou plutôt elle supprime le but du syndicat et par là entraîne pour celui-ci l'interdiction de faire aucun acte qui tendrait à ce but. L'être moral ne peut plus continuer à agir, mais il subsiste tant que n'est pas terminée la liquidation, qui a pour objet de réaliser l'actif et d'éteindre le passif de manière à faire ressortir l'actif net qui se partagera ensuite entre les syndiqués.

Cette solution n'est pas douteuse en ce qui concerne les sociétés commerciales ou civiles (1); il faut également l'appliquer aux syndicats professionnels qui constituent comme les sociétés de commerce, ainsi que nous le verrons plus loin, des personnes morales privées. Du reste, il est facile de justifier le maintien de la personnalité civile du syndicat pendant la durée de la liquidation.

Il y a entre la personnalité de l'association professionnelle et sa liquidation une liaison étroite. La personnalité

(1) V. Lyon-Caen et Renault, *Dr. comm.* t. II, n° 366.

civile, si elle est une faveur pour le syndicat, constitue un
droit acquis pour les tiers qui deviennent ses créanciers.
Entre ceux-ci èt le syndicat intervient une sorte de pacte
tacite d'après lequel les tiers n'échangent leurs conventions
qu'en considération des garanties qui résultent pour eux
de la personnalité conférée au syndicat. Au lieu d'avoir
autant de débiteurs que l'association compte de membres
ils n'en ont qu'un seul, l'être collectif; ce qui diminue les
difficultés et les frais de poursuites qu'ils auront peut-être
à exercer. Si la dissolution avait pour effet d'anéantir immédiatement l'être moral, les avantages sur lesquels les
tiers ont compté disparaîtraient avec lui. Un pareil résultat léserait gravement les créanciers du syndicat qui per-
draient ainsi leurs garanties par suite d'un fait auquel ils
ont été absolument étrangers. La loi ne peut pas consacrer
une telle injustice, elle ne peut pas leur retirer d'une main
ce qu'elle leur accorde de l'autre, les dépouiller par une
mesure inopinée d'un droit qu'elle leur donne sans condition.

L'être moral subsistant encore, ceux des syndiqués
qui sont chargés de l'administration garderont momentanément leurs titres et leurs fonctions, jusqu'à la clôture
de la liquidation ; représentants de l'association, ils devront
subir les poursuites des créanciers du syndicat et ils
auront d'autre part à procéder au recouvrement des
créances syndicales. Si le patrimoine de l'association est
insuffisant pour désintéresser intégralement les créanciers,
ceux-ci subiront une réduction proportionnelle de leurs
créances. Ils n'ont en effet aucune action sur les biens
personnels des syndiqués ; ils avaient pour unique débi-
teur le syndicat ; celui-ci en disparaissant ne laisse point

d'héritiers ou d'ayants cause qui aient à répondre de ses dettes.

B) *Patrimoine syndical.*

Si, une fois les dettes éteintes, il reste un excédent de l'actif syndical, à qui doit-il être attribué ? La question se résout diversement suivant que les statuts prévoient ou ne prévoient pas la destination future des biens, en cas de dissolution du syndicat.

I. — *Les statuts ne règlent pas l'attribution du patrimoine du syndicat dissous.* — Quand aucune clause des statuts ne détermine d'avance le sort de l'actif syndical, il faut se référer aux principes généraux relatifs à la dévolution des biens qui appartiennent aux personnes morales, car la loi de 1884 ne contient à cet égard aucune indication.

D'après le droit commun, les biens des personnes morales publiques, devenant sans maître par suite de la dissolution, reviennent à l'État qui les recueille par droit de déshérence, conformément à l'article 713 du Code civil (1). S'il s'agit au contraire d'une personne morale privée, les biens sont partagés entre les membres qui la composent. Ceux-ci en ont toujours été propriétaires, mais, par l'effet de la fiction de personnalité, ils étaient en état d'indivision forcée ; la fiction disparaissant, ils recouvrent la plénitude de leurs droits.

La question est donc de savoir dans quelle catégorie de

---

(1) V. Ducrocq, *Dr. admin.*, t. II, n° 1137 ; Labbé, note sous Paris 25 mars 1881, S. 81, II, 249.

personnes morales il faut ranger les syndicats professionnels. Sur ce sujet, deux opinions nettement opposées
se sont fait jour : quelques auteurs assimilent les syndicats
aux établissements d'utilité publique ; d'autres soutiennent
au contraire qu'ils constituent des personnes morales
privées. Sans entreprendre l'analyse des longues discussions qui se sont élevées autour de ce problème, je me
bornerai à examiner les principaux arguments qu'on a
fait valoir en faveur de l'une et de l'autre de ces deux
théories.

La circulaire du 25 août porte que « les associations
professionnelles..... sont élevées par la loi du 21 mars au
rang des établissements d'utilité publique ». On a prétendu
trouver dans cette phrase la preuve certaine que le syndicat est une personne morale publique. C'est, à mon
avis, découvrir dans les termes de la circulaire une
précision juridique que son auteur, M. Waldeck-Rousseau,
n'a pas eu l'intention de leur donner. Ce document n'a pas
pour objet de résoudre les graves questions de droit qui
naissent du silence de la loi, mais de faire ressortir
l'esprit libéral de la législation nouvelle et le sens général
dans lequel ses dispositions doivent être appliquées. Il est
donc probable que le ministre n'en a pas pesé rigoureusement les termes et qu'en écrivant la phrase citée, il a
voulu dire simplement que les syndicats professionnels
étaient, depuis la loi de 1884, revêtus de la personnalité
civile.

On admet assez généralement (1) que les personnes
morales publiques sont celles dont la création nécessite
une intervention spéciale des pouvoirs publics (loi, décret,

---

(1) Ducrocq, *op. cit.* p. 596; Labbé, note précitée.

arrêté préfectoral) ; les personnes morales privées au contraire se forment librement, en vertu d'une autorisation générale de la loi. Dans ce système, c'est donc à la seconde classe qu'appartiendraient les syndicats, puisqu'ils obtiennent la personnalité par le fait même de leur création, indépendamment de toute autorisation préalable. Mais il faut repousser la distinction proposée, car elle ne se trouve pas justifiée dans tous les cas : ainsi les tontines et les assurances sur la vie sont bien des personnes morales privées et cependant elles sont soumises à l'autorisation du gouvernement. La vérité est que tous les êtres juridiques ont une commune origine, la loi, et il ne faut voir dans les diverses formalités qui accompagnent leur création qu'une règle de procédure.

M. Sauzet a consacré une savante étude à l'analyse des nombreuses théories qui ont été imaginées sur les signes distinctifs des personnes morales (1). Après avoir établi qu'aucune d'elles n'est absolument satisfaisante, il cherche à résoudre la question en dégageant à son tour le critérium à l'aide duquel on peut reconnaître le caractère public ou privé d'une personne morale. D'après lui, la nature d'une personne morale dépend du but poursuivi par ses membres. L'associé, en faisant un apport, un versement pécuniaire, a-t-il l'intention d'en tirer un profit, de le faire fructifier, d'en faire un « placement », l'association est une personne morale privée. Au contraire, l'associé qui verse sa cotisation en fait-il l'abandon complet et irrévocable, sans espoir de la voir s'accroître, d'en retirer un gain quelconque à réaliser plus tard,

(1) Sauzet, *De la nature de la pers. civ. des synd. prof.* (Rev. crit. de législat. et de jurisp., 1888, p. 296).

l'association est une personne morale publique. Or, aucun des individus qui entrent dans un syndicat ne poursuit une idée de lucre ; tous se dépouillent définitivément de la cotisation qu'ils apportent à la caisse de la corporation ; le syndicat est donc une personne morale publique.

La distinction que propose M. Sauzet est fort ingénieuse, mais rien ne prouve qu'elle ait été admise par le législateur. De plus, elle a le défaut de restreindre peu généreusement les besoins particuliers des individus. Pour M. Sauzet, satisfaire des intérêts privés, c'est chercher à réaliser un bénéfice, à faire un placement fructueux ; tout autre but est nécessairement désintéressé ; l'idée d'enrichissement est l'unique mobile et le seul but de ceux qui agissent dans leur propre intérêt. En réalité il n'en est pas toujours ainsi ; c'est ce que fait remarquer très justement M. Vauthier : « Par intérêt, dit-il, nous n'entendons pas uniquement ici la poursuite d'un avantage matériel, d'un bénéfice pécuniaire ; cet intérêt pourrait être d'un ordre supérieur ; il pourrait être intellectuel ou moral ; mais il faut qu'en dernière analyse, il profite d'une manière immédiate et directe aux membres de l'association » (1).

N'est-ce pas le cas des syndicats professionnels ? Le but des syndiqués est d'améliorer leur condition ; pour atteindre cette fin, ils forment entre eux une corporation qui du même coup est utile à tous et à chacun ; c'est bien là sans contredit un but intéressé. Quant au versement de la cotisation dont les syndiqués se dépouillent au profit de l'association, il ne révèle pas de leur part un désintéressement quelconque ; il prouve seulement que les res-

---

(1) Vauthier, *Étude sur les pers. mor.*, p. 387.

sources pécuniaires sont un élément nécessaire à la réalisation du but auquel ils tendent.

Du reste, si les versements périodiques sont d'une utilité pratique incontestable, ils ne sont point une nécessité légale, et un syndicat peut fort bien fonctionner sans qu'aucun de ses membres ait à verser une cotisation quelconque. Tel serait, par exemple, le cas d'un syndicat de patrons réunis pour se concerter sur les conditions à faire aux ouvriers. La loi ne les oblige pas de se constituer un patrimoine, s'ils estiment inutile la création d'une caisse commune. Et alors comment pourra-t-on appliquer à une association de ce genre le critérium de M. Sauzet (1)?

Enfin, s'il est vrai que la cotisation est versée *animo donandi* en ce sens que le syndicataire s'en dépouille sans espoir de retour, elle est aussi pour lui une condition nécessaire pour participer aux avantages de l'association. La jouissance de ces avantages est l'équivalent de la somme d'argent que chaque membre apporte à la caisse syndicale. En d'autres termes, le contrat qui lie les syndiqués au syndicat est un contrat *à titre onéreux*. Cette observation prouve une fois de plus qu'on ne trouve pas chez les membres du syndicat ce parfait désintéressement que fait valoir M. Sauzet pour démontrer que l'association professionnelle n'est pas une personne morale privée.

Il reste établi que les syndicats, soit au moment de leur création, soit au cours de leur fonctionnement, sont affranchis de la tutelle administrative et que les individus qui en font partie recherchent certains avantages qui leur profitent directement. Il en résulte qu'ils sont vraiment

---

(1) César Bru, *Nature de la pers. civ. des synd. prof.* (Revue générale du droit et de jurisp. 1888, p. 138).

des personnes morales privées et qu'à la dissolution, les
biens qui forment l'actif syndical doivent être répartis
entre leurs membres (1).

On prétend que cette solution est infirmée par l'article 7
qui, après avoir reconnu à tout syndiqué le droit de se
retirer de l'association quand il lui plaît, dispose que le
démissionnaire conservera ses droits comme membre de
la société de secours mutuels ou de la caisse de retraites
créées par le syndicat. « Si la loi, dit-on, prend soin de
conserver aux démissionnaires leurs droits dans les caisses
de secours mutuels et de retraites, n'est-ce pas reconnaître
qu'ils ne peuvent élever aucune prétention à une part de
l'actif syndical, formé cependant, dans une certaine
mesure, par leurs cotisations ? » (2).

Remarquons d'abord que si un texte positif était nécessaire pour refuser aux syndiqués tout droit sur l'actif
syndical, c'est qu'en principe ils ont ce droit. De plus, en
affirmant que l'article 7 dénie dans tous les cas aux associés le droit de prétendre à une part des biens du syndicat, on généralise arbitrairement la solution de cet article.
L'article 7 ne s'occupe que de la faculté de démission
qu'il accorde, libre de toute entrave, à tout syndicataire
et il ne règle que les droits du membre *démissionnaire*.
Or, si rien n'empêche de mettre sur le même pied l'exclusion et la démission volontaire, il n'est pas possible de
leur assimiler la dissolution.

_____

(1) Cette solution prévaut dans la doctrine : V. Boullaire, *op. cit.*
p. 89 et suiv. ; Boullay, *Code des synd. prof.*, p. 168. — Veyan, *Loi
sur les synd. prof.*, p. 174 et suiv. ; Dufourmantelle, p. 40 et suiv. ;
— Rousse, *Capacité juridique des associat.*, p. 189.

(2) Sauzet, *op. cit.* nᵒ 11, p. 307. — V. également Pic, *op. cit·*
p. 150 ; Glotin, p. 305.

Lorsqu'un syndiqué se retire ou est exclu, il y a dans la corporation un membre de moins, mais le syndicat subsiste tel qu'il était auparavant ; l'être collectif continue d'exister, c'est lui qui est toujours propriétaire des biens ; la question de leur partage ne peut pas se poser, à moins d'admettre que l'exclusion ou la démission d'un membre entraîne la dissolution du syndicat et l'ouverture de la liquidation. Au contraire, quand le syndicat est dissous, l'être moral disparaît, les biens qui constituaient le patrimoine syndical ne sont plus sa propriété ; il s'agit alors de savoir à qui ils devront être attribués. Et ce sera tout naturellement aux membres de la corporation dissoute ; car, en recueillant ainsi une part de ces biens, ils ne font qu'exercer un droit qui leur a toujours appartenu, mais dont l'exercice était paralysé par la puissance de la fiction pendant la durée du syndicat.

Il n'y a d'ailleurs aucune injustice à écarter de la répartition des biens les personnes qui ne font plus partie du syndicat au moment de sa dissolution. L'entrée d'un individu dans une association implique de sa part adhésion complète aux règles auxquelles elle est soumise. Il se forme entre chaque membre et le syndicat un contrat par lequel celui qui sollicite son admission accepte de se soumettre aux principes qui régissent la corporation et aux dispositions spéciales inscrites dans les statuts. Quand un syndiqué démissionne, il renonce volontairement aux avantages de toute sorte découlant de l'association, y compris son droit éventuel à une part de l'actif syndical ; et si l'exclusion comporte la déchéance de ce même droit, le membre qui en est frappé n'a pas à se plaindre, car on lui a simplement appliqué une des dispositions statutaires, qu'il connaissait et auxquelles il s'était soumis librement.

Enfin, pour répondre à la dernière objection tirée de
l'article 7, si les démissionnaires du syndicat conservent
leurs droits comme membres de la société de secours mutuels ou des pensions de retraite, ce n'est pas, comme on
l'a soutenu (1), que le syndiqué qui se retire ait plus de
droits dans la caisse de secours mutuels ou de retraite que
sur l'actif syndical; ce résultat prouve seulement que ces
droits sont différents, déterminés par des règles distinctes.
Le syndicat et les œuvres d'assistance fondées par lui, bien
que comptant les mêmes participants, sont assujettis à des
législations différentes, ont une administration, des règlements spéciaux. Les travaux préparatoires ne laissent aucun doute à cet égard, et la circulaire du 25 août insiste
de nouveau pour que l'association syndicale et les
œuvres qui lui sont annexées gardent chacune son individualité propre et que leurs patrimoines ne soient point
confondus.

En définitive, aucune disposition de la loi de 1884 ne
permet de croire que le législateur, en créant les syndicats
professionnels, en a fait des établissements d'utilité publique dont les biens ne doivent jamais être partagés entre
les syndiqués. S'il avait considéré l'actif syndical comme
un patrimoine de mainmorte devant revenir à l'État en
cas d'extinction de l'être moral, il n'eût pas manqué de
déterminer par un texte formel l'emploi que l'État aurait
dû en faire. Cette tendance s'est assez souvent manifestée
dans nos lois (2) pour qu'on puisse l'envisager comme

---

(1) Sauzet, *op. cit.*, n° 62, p. 403 ; Glotin, *loc. cit.*

(2) Il en est ainsi dans les lois de 1825 sur les congrégations religieuses de femmes ; — de 1850 sur les sociétés de secours mutuels ;
— de 1875 sur l'enseignement supérieur.

une coutume, que le législateur n'eût pas hésité à consacrer par un acte nouveau. Il n'en a rien fait cependant. Ce n'est pas à dire qu'il y ait eu de sa part oubli ou négligence : le problème de la dévolution des biens appartenant aux syndicats fut nettement posé et il donna lieu au Sénat à une vive discussion (1). Finalement, faute d'entente, on conclut d'un commun accord à un renvoi au droit commun, ce qui revenait à admettre le partage de l'actif entre les syndiqués.

II. — *La destination des fonds est prévue par les statuts.* — Le sort des biens, en cas de dissolution, peut être réglé d'avance par une disposition des statuts. L'insertion d'une clause de cette nature est généralement recommandée par les auteurs mêmes qui classent les syndicats parmi les personnes morales privées (2). En fait les statuts disposent le plus souvent que l'actif net du syndicat dissous sera attribué à une association professionnelle similaire.

On est obligé de reconnaître qu'une pareille clause constitue une grave dérogation au principe de la disposition des biens et l'on comprend qu'on en ait contesté sé-

_____

(1) *J. off.*, Déb. parl., Sénat, 1884, p. 246 à 250 et p. 465. — Il n'est pas inutile de remarquer que dans les discussions qui s'élevèrent sur cette question, ni M. Marcel Barthe qui l'avait posée, ni le rapporteur qui lui répondait, n'ont qualifié de biens de mainmorte le patrimoine des syndicats. Le premier, comparant les syndiqués à des associés de commerce, voulait que le membre démissionnaire ou exclu eût droit à une part de l'actif proportionnelle au chiffre des cotisations qu'il avait versées ; le rapporteur soutenait que la question devait être réglée par les statuts.

(2) Boullaire, *op. cit.* p. 121 ; et art. 28 des statuts-modèles, même ouvr., p. 293.

rieusement la validité (1). D'après les règles du Code civil,
on ne peut disposer de ses biens à titre gratuit que par donation ou par testament. La transmission du patrimoine
syndical n'est ni l'une ni l'autre, car elle est nécessairement dépourvue des formes essentielles que la loi exige
pour la validité d'une donation ou d'un legs. Cependant,
bien que cette considération soit de nature à inspirer des
doutes sérieux, la question, semble-t-il, doit être résolue
dans le sens de la validité. On peut invoquer à l'appui de
cette solution un argument tiré de la loi de 1875 sur l'enseignement supérieur. L'article 12 de cette loi porte « que
les biens acquis à titre onéreux font retour à l'Etat, si les
statuts ne contiennent à cet égard aucune disposition ». Si
un établissement d'utilité publique peut ainsi déterminer
à l'avance dans ses statuts l'affectation des biens, en cas
de mort de l'être moral, ne doit on pas *a fortiori* reconnaître cette même faculté aux syndicats professionnels,
dont la capacité et la liberté d'action sont beaucoup plus
étendues ? (2).

En pratique, les syndicats ont presque tous recours à ce
moyen pour empêcher qu'une majorité, poussée par le
seul désir de réaliser un gain, ne demande la dissolution
de l'association au moment où celle-ci possède un patrimoine d'une certaine importance. Cette préoccupation fort
légitime a motivé le dépôt par M. Dussaussoy d'un projet
de loi qui reconnaît formellement aux syndicats le droit

---

(1) Glotin, *op. cit.*, p. 310.

(2) Les statuts-modèles préparés par la section de l'intérieur du
Conseil d'État réservent un article à cet effet. (Rousse, *Capacité
jurid. des associat.*, p. 185.)

d'indiquer dans leurs statuts la destination future de leurs biens (1).

§ III. — Critique et conclusion.

Maintenant que nous connaissons les conséquences de la dissolution, il est facile de répondre à la question que je posais tout à l'heure au sujet de la nature pénale ou civile de cette sanction. La suppression de l'être juridique n'a pas en effet le caractère afflictif qui s'attache à toute peine, puisqu'elle peut aboutir à mettre les syndiqués en possession des biens du syndicat. Mais, bien qu'elle ne soit pas une pénalité, la dissolution suppose nécessairement la responsabilité du corps syndical. C'est la corporation qui est atteinte par elle; c'est donc que les fautes dont elle est la sanction lui sont imputables. S'il en était autrement, si les infractions pour lesquelles elle est prononcée n'engageaient que la responsabilité personnelle des administrateurs ou des membres de l'association, on violerait en l'appliquant le principe fondamental de la personnalité des fautes, et la critique qu'en faisait le rapporteur à la Chambre des Députés (2) serait fondée. Elle serait en effet

---

(1) 8 février 1895, Ch., Doc. parl., n° 1164. — L'article 5 du projet est ainsi conçu : « En cas de dissolution, les biens mobiliers et immobiliers constituant l'actif syndical seront dévolus conformément aux dispositions contenues dans les statuts à cet égard. A défaut de clause réglant la dévolution, l'attribution des biens du syndicat dissous sera faite à un syndicat similaire par le préfet du département, s'il se trouve dans un département un syndicat similaire et par le ministre de l'Intérieur dans le cas contraire. »

(2) M. Allain-Targé.

« peu équitable et excessive », car elle ferait payer « à de
nombreux associés, à une profession tout entière frappée
dans ses intérêts les plus chers, l'imprudence préméditée
d'un seul coupable contre lequel la majorité aurait protesté ».

Faut-il croire que le législateur a voulu, en maintenant
la dissolution dans la loi de 1884, consacrer la dérogation
aux règles essentielles de notre droit qu'on lui signalait?
Non assurément; il a reconnu que certaines fautes pouvaient émaner de la collectivité syndicale et qu'en toute
équité il convenait d'établir une sanction susceptible d'atteindre cette collectivité. Il n'a pas indiqué, il est vrai,
quelles infractions étaient imputables au syndicat; mais
c'est avec raison qu'il a laissé à cet égard un libre pouvoir d'appréciation aux tribunaux. Le caractère collectif
ou individuel d'une infraction ne peut se révéler que par
l'examen des faits; c'est donc aux juges qu'il appartient
de dégager ce caractère des éléments mêmes de l'infraction. Sur ce point cependant, la disposition de l'article 9
donne prise à la critique. Aux termes de cet article, la
dissolution ne peut être prononcée qu'accessoirement à
l'amende infligée aux administrateurs; du moment qu'il
est constaté que l'infraction est imputable à l'association,
pourquoi frapper d'abord et spécialement les administrateurs?

Ainsi, la loi de 1884 reconnaît la responsabilité du syndicat. L'aveu est timide certes, et l'on pourrait désirer
qu'il soit traduit d'une façon plus nette et plus éclatante;
il n'en est pas moins précieux et digne de retenir l'attention
des adversaires irréductibles de la responsabilité collective. L'idée est encore embryonnaire, elle se précisera
peut-être, et — quand le législateur se résignera à être

logique — elle sera généralisée et étendue au domaine pénal. L'application plus large de ce principe ne sera pas seulement une satisfaction platonique donnée aux juris-consultes qui la réclament, elle sera surtout un remède efficace aux abus de toute sorte auxquels certains syndi-cats se livrent avec d'autant moins de réserve qu'ils sont sûrs de l'impunité.

L'adoption de ce système devrait entraîner comme conséquence immédiate l'organisation d'un régime pénal mieux équilibré. En fin de compte, la suppression d'une association professionnelle est une peine rigoureuse dont on devrait réserver l'application aux délits les plus graves. Etablir, comme l'a fait la loi de 1884, une sanction unique, c'est créer souvent une disproportion choquante entre le châtiment et l'infraction. Un syndicat, par exemple, a ad-mis à quelques-unes de ses réunions des personnes ne remplissant pas les conditions professionnelles exigées par l'article 2. Si les juges, usant de la faculté que leur confère l'article 9, viennent à le dissoudre, ne peut-on pas dire qu'ils dépassent la mesure d'une saine répression ? Une simple amende prononcée contre le syndicat délin-quant ne suffirait-elle pas à le rappeler à l'observation de la loi et à prévenir le retour de semblables faits ?

Il y a des degrés dans la gravité des fautes qui peuvent engager la responsabilité d'un syndicat : les unes peuvent être le résultat d'un oubli, d'une négligence, présenter un caractère fortuit, accidentel ; d'autres au contraire, per-pétrées sciemment par quelques membres dirigeants de l'association, et voulues par l'ensemble des syndiqués, révèlent un état d'insoumission, de révolte préméditée envers la loi. On ne peut, sans léser la notion de la plus élémentaire justice soumettre, les unes et les autres à un égal traitement; l'équité veut que l'importance de la peine corresponde, d'une façon aussi adéquate que possible, à la gravité de l'infraction.

CHAPITRE III

DE LA RESPONSABILITÉ CIVILE DES SYNDICATS PROFESSIONNELS

Comme toutes les personnes morales, État, établissements publics et d'utilité publique, sociétés civiles ou commerciales, les syndicats professionnels sont soumis à la responsabilité délictuelle, édictée par les articles 1382 et suivants du Code civil. « Les syndicats, c'est-à-dire l'association syndicale, doivent être, comme les simples citoyens, responsables de leurs actes. S'ils portent à autrui un préjudice précis et constant, ils en doivent réparation en vertu des principes généraux de notre Code » (1).

SECTION I

Conditions Nécessaires.

Trois conditions doivent se trouver réunies pour qu'une action en dommages-intérêts soit fondée en droit : il faut qu'un préjudice ait été causé au demandeur, que ce préjudice soit la conséquence d'un fait illicite, et qu'enfin l'acte nuisible constitue une faute imputable à son auteur.

(1) P. Leroy-Beaulieu, *Écon. franç.* 1893, t. II, p. 611.

Cette idée de la faute, élément du délit, a décidé ceux qui pensent que les syndicats n'ont point la capacité de mal faire, à écarter ici l'application de l'article 1382 qui, prévoyant l'hypothèse normale de la responsabilité civile, impose l'obligation de réparer le préjudice à celui par la faute duquel il est arrivé. Pour eux le syndicat, ne pouvant commettre aucun acte illicite, ne sera jamais la cause déterminante d'un préjudice pouvant donner lieu à une action en dommages-intérêts. Ils ne conçoivent à la charge de la corporation syndicale qu'une responsabilité indirecte, celle qui résulte des délits ou quasi-délits accomplis par ses agents. Ceux-ci peuvent, dans l'exercice de leurs fonctions, outrepasser leurs droits, se rendre coupables d'une manœuvre illégale, d'un abus délictueux. Si ces faits ont occasionné un dommage, le syndicat doit le réparer; car les individus que le corps syndical a choisis pour une fonction déterminée sont ses préposés (1) et à ce titre ils engagent par leurs délits, aux termes de l'article 1384, sa propre responsabilité.

Exclure la disposition de l'article 1382, sous prétexte qu'une faute quelconque ne peut pas être imputée au syndicat, et admettre l'application de l'article 1384 est un illogisme que j'ai déjà signalé. On a vu d'autre part que la solution de l'article 8 § 2 de la loi de 1884 prouve qu'un fait illicite peut très bien avoir été commis par le syndicat, qui doit en supporter les conséquences. Enfin il suffit de rappeler que bien des actes délictueux émanent du syndicat, sans qu'il soit possible de les attribuer à quelques-uns de ses membres. Ce sont, d'une façon générale, toutes les résolutions approuvées et votées par l'assemblée du

(1) V. Laurent, *Droit civil*, t. XX, no 570.

syndicat. Comment pourrait·on voir dans ces décisions prises en commun le fait de quelques syndiqués et non pas l'acte de l'association? Ce sont là des manifestations de la vie corporative ; par conséquent, lorsqu'elles ont un caractère illicite et déterminent un préjudice réel, la partie qui a subi le dommage pourra en demander compte au syndicat.

Les tribunaux ont maintes fois consacré cette solution ; on ne peut en douter si l'on jette un coup d'œil sur leurs jugements. Tantôt ils citent comme auteurs du délit « l'assemblée générale et son bureau » (1), « le syndicat, les ouvriers syndiqués » (2), tantôt ils trouvent les éléments de la faute dans « les agissements illégaux du syndicat » (3) ou « le fait de délégués agissant *pour le syndicat et par son ordre* » (4).

C'est donc à tort qu'on prétend ramener tous les cas de responsabilité civile intéressant les syndicats aux prévisions de l'article 1384. Pour les associations professionnelles, comme pour les individus, il y a deux sortes de responsabilité : l'une médiate, indirecte, résultant des faits illicites commis par les administrateurs qui ont le pouvoir d'agir au nom du syndicat ; l'autre directe, immédiate, qui a sa source dans les délits imputables au syndicat lui-même.

(1) Chambéry, 14 mars 1893, D. 93, II, 191.

(2) Nancy, 14 mai 1892, D. 92, II, 433 ; Lyon, 2 mars 1894, D. 94, II, 305.

(3) Lyon, 15 mai 1895, D. 95, II, 310.

(4) Tr. civ. Seine, 6 novembre 1895, *Bull. de l'Off. du trav.*, 1896, p. 61.

SECTION II.

PRINCIPAUX CAS DE RESPONSABILITÉ DÉLICTUELLE.

Il est impossible et inutile d'énumérer tous les actes
qui peuvent engendrer, à la charge d'un syndicat, l'obligation civile des articles 1382 et suivants. Le délit ou le
quasi-délit, source de la responsabilité, et le préjudice
peuvent se produire sous des formes infiniment variées.
On remarque cependant, en lisant les décisions de la
jurisprudence, qui ont trait à la question qui nous occupe,
que les faits qui donnent ouverture à une action contre
les syndicats sont le plus souvent des atteintes à la liberté
individuelle, à la liberté du travail ou de l'industrie. Ce
sont donc surtout des délits de cette nature que nous
aurons à examiner.

§ I. — Atteintes à la liberté du travail. — Conséquences de
l'abrogation de l'article 416 du Code pénal. — Droit de
démission des syndicataires (article 7 de la loi du
21 mars 1884).

Tout en déclarant la coalition licite, les auteurs de la
loi du 25 mai 1864 n'avaient pas voulu laisser la liberté
du travail exposée aux dangers que comportent les excès
et les abus de la grève. Pour en assurer le plein et entier
exercice, ils avaient, dans les articles 414, 415 et 416 du
Code pénal, proscrit et puni assez sévèrement l'emploi
de moyens frauduleux ou violents, tendant à porter atteinte
à ce droit primordial, que l'Assemblée constituante avait

affirmé intangible. Lorsque le Parlement eut à s'occuper de la proposition de loi sur les associations professionnelles, la commission de la Chambre des Députés présenta un projet qui effaçait du Code pénal les trois dispositions que nous venons d'indiquer. « Ces articles, disait le rapporteur, semblent définir et punir des délits ouvriers ; dans un pays d'égalité il n'y a pas de délits de classe » (1). Néanmoins, sur les observations de M. Ribot, on laissait subsister les articles 414 et 415 ; l'article 416 seul était supprimé. Cette suppression souleva au Sénat les objections de la majorité ; l'article fut rétabli. La Chambre des Députés, devant laquelle revenait le projet, refusait de modifier son premier vote. Enfin la question de l'abrogation de l'article 416 posée, une fois encore, au Sénat, fut, sur les instances du rapporteur M. Tolain (2), et après une déclaration du ministre de l'intérieur, résolue affirmativement.

L'art. 416 incriminait les amendes, défenses, interdictions, etc... prononcées en vertu d'un plan concerté. Par suite de la suppression de ce texte, ces faits ne sont plus des infractions punissables. Un syndicat peut donc frapper d'interdit telle maison, telle usine, tel patron ou tel ouvrier, sans que cette façon d'agir puisse servir de base à des poursuites correctionnelles. Est-ce à dire cependant que le principe de liberté, que protégeait l'art. 416, soit aujourd'hui dépouillé de toutes ses garanties ? En d'autres termes, les divers actes énumérés par le texte abrogé et qui ne sont plus des délits au sens pénal

(1) Rapp. de M. Allain-Targé, *J. off.*, 1881, Ch. des Dép., annexe nº 3.420, p. 360.

(2) *J. off.*, 1883, Sénat, Annexe, nº 112, p. 1.117.

du mot, ne peuvent-ils pas servir de fondement à une réclamation devant les tribunaux civils ? Une mise à l'index, une interdiction quelconque peut causer un dommage à celui qui en est l'objet. La personne lésée ne pourra-t-elle pas en demander réparation au syndicat, auteur de l'acte nuisible ?

Cette question, sur laquelle la jurisprudence a eu fréquemment l'occasion de se prononcer, s'est présentée une première fois dans des circonstances particulièrement intéressantes. L'affaire dont il s'agit suscita, au moment où elle fut portée devant les tribunaux, un vif émoi dans le monde des jurisconsultes et on la cite aujourd'hui comme un événement marquant dans l'histoire des syndicats ouvriers. On peut, en effet, la considérer comme un procès-type à cause des circonstances qui l'ont accompagnée et du problème de responsabilité qu'elle comporte. A ce titre, il convient d'en examiner les détails et de voir de près les différentes phases par lesquelles elle a passé avant d'aboutir à une solution définitive.

Le 30 juin 1888, un ouvrier nommé Joost était admis comme membre du Syndicat des imprimeurs sur étoffes de Jallieu (Isère). Quelques mois après, voulant quitter l'association, il cessait de payer la cotisation mensuelle, ce qui, aux termes des statuts, entraînait sa démission. Le Syndicat refusa cependant de le considérer comme démissionnaire et quelques membres firent auprès de lui des démarches pour qu'il continuât à payer ses cotisations. Leurs efforts n'eurent aucun résultat; Joost résista à toutes leurs sollicitations. Ce fut alors que les syndiqués, réunis en assemblée générale, décidèrent, pour triompher de ses résistances, que Joost était exclu de l'association et que les ouvriers qui travaillaient dans la même usine

que lui se mettraient en grève, s'il n'était pas immédiatement congédié. Le lendemain cette résolution était noti-
fiée à son patron. Celui-ci redoutant une grève, qui lui
aurait causé un grave préjudice, céda aux injonctions du
syndicat et renvoya Joost, tout en regrettant d'être obligé
de se soumettre à la décision prise par l'assemblée des syndiqués.

L'ouvrier congédié s'adresse en vain, pour obtenir du
travail, à plusieurs imprimeurs de la région ; les patrons,
menacés toujours par le syndicat, refusent partout de
l'accueillir. Privé ainsi de tout moyen d'existence, Joost
se décide enfin à intenter contre le syndicat qui l'a
frappé une action en dommages-intérêts. Mais le tribunal
de Bourgoin rejette sa demande par un jugement du 11
janvier 1890 et, sur appel, le 28 octobre de la même
année, la Cour de Grenoble confirme la solution des premiers juges, décidant que les faits invoqués par le demandeur ne sont pas de nature à servir de base à une
action en dommages-intérêts.

Avant d'indiquer les motifs sur lesquels la Cour fonde
son arrêt, il importe de déterminer nettement l'objet du
débat. La seule question soumise à l'examen des juges
était celle-ci : le syndicat en frappant d'interdit un ouvrier
qui ne voulait pas rentrer dans l'association dont il était
sorti volontairement, avait-il commis une faute l'obligeant
de réparer le dommage qu'il avait fait subir à l'ouvrier ?

La responsabilité du patron, qui avait cédé aux menaces du syndicat, était hors de cause. La Cour, qui
n'avait pas à statuer sur ce point, constate cependant que
l'acte du patron a été licite ; en renvoyant Joost il n'a fait
qu'user de son droit. Au moment où l'arrêt a été rendu,
cette affirmation n'était guère contestable ; mais depuis,

une loi du 27 décembre 1890, complétant l'article 1780 du Code civil, est venue modifier les rapports du patron et de l'ouvrier dans le contrat de travail. D'après la loi nouvelle, le fait par l'une des deux parties de résilier le contrat, au cas de louage de services de durée indéterminée, peut donner naissance à une action en dommages-intérêts. On pourrait se demander si le patron, en renvoyant Joost sur l'injonction du syndicat, ne s'exposait pas à une action de cette nature, ou si, au contraire, la menace de grève, devant être assimilée à un cas de force majeure, ne pouvait pas engendrer la responsabilité du patron. Je ne puis que mentionner cette question assurément intéressante, mais dont je n'ai pas à rechercher la solution. Je ne m'occupe ici que de la responsabilité du syndicat dans les circonstances où elle s'est présentée devant la Cour de Grenoble.

Pour établir qu'on ne peut relever aucune faute, au sens de l'article 1382, à la charge de l'association, la Cour fait valoir les considérations suivantes.

L'interdit prononcé contre un ouvrier, les menaces de grève adressées à un patron, sont des faits que punissait autrefois l'article 416 du Code pénal ; mais l'abrogation de cette disposition a eu pour effet de rendre ces actes absolument licites. Le syndicat a le droit de décréter une mise en interdit et l'usage qu'il en fait ne peut donner lieu à aucune action civile. D'autre part, les agissements du syndicat n'ont porté atteinte à aucun droit dans la personne de Joost, et notamment ils n'ont pas eu pour objet de l'obliger de renoncer à la faculté de démission reconnue à tout syndicataire par l'article 7 de la loi de 1884. Si de telles manœuvres sont regrettables, si les conséquences qu'elles entraînent sont désastreuses pour les ouvriers

qui en sont l'objet, il n'est pas possible, en l'état actuel
de la législation, de les réprimer ; on doit se borner à
souhaiter que le Parlement réforme nos lois sur ce point.
Déjà la Chambre des Députés a fait un acte en ce sens
en votant la proposition Bovier-Lapierre qui punit le patron coupable d'avoir congédié un ouvrier en raison de sa
qualité de syndiqué.

Telle est, en résumé, la doctrine de la Cour de
Grenoble. Il est étrange de voir invoquer à l'appui d'une
décision judiciaire un projet de loi qui, aujourd'hui
encore, après avoir subi de profondes modifications, ne
semble pas près d'être définitivement voté. Cette considération suffirait à faire écarter du débat un prétendu argument qui n'a aucune valeur juridique. Cependant il a été
reproduit et développé par quelques auteurs qui se rallient
à la solution de la Cour de Grenoble. « La proposition
Bovier-Lapierre, dit M. Thaller (1),... en prétendant ériger
désormais en délit le renvoi d'ouvriers par le patron à
raison de leur qualité de syndiqués, prouve que tel n'est
pas encore l'état de la législation; par conséquent en
toute réciprocité, on ne peut incriminer la conduite du
patron qui congédie un ouvrier, ni s'en prendre à la
Chambre syndicale qui a pesé sur le patron pour déterminer le renvoi. »

Sans doute, le renvoi d'ouvriers par le patron n'est jamais
un délit et le syndicat qui, par ses agissements, a contraint
le patron à congédier un de ses ouvriers, ne commet pas
un acte punissable. Aussi n'a-t-il pas été question de poursuivre les syndiqués, pas plus que le patron, devant les
tribunaux répressifs. Mais il est inutile d'invoquer la pro-

(1) Annales de droit commercial, 1890, p. 252.

position Bovier-Lapierre pour poser cette solution qui découle de nos lois actuelles.

Il n'y a de punissables que les faits incriminés expressément par la loi pénale; en dehors de ces faits, il n'y a pas d'infraction et partant pas de peine. L'article 416 du Code pénal punissait bien les manœuvres dont le syndicat de Jallieu s'était rendu coupable vis-à-vis de Joost; mais, la loi de 1884 ayant supprimé cette disposition pénale, la mise en interdit de l'ouvrier, les menaces de grève signifiées au patron ne pouvaient entraîner contre le syndicat ni poursuite, ni condamnation pénale. Mais ces mêmes actes ne sont-ils pas répréhensibles au point de vue civil; ne peuvent-ils pas obliger celui, individu ou syndicat, qui en est l'auteur, à des dommages intérêts, lorsqu'il en est résulté un préjudice certain? Telle est la seule question qui se pose et que résout négativement la Cour de Grenoble. Les raisons qu'elle en donne ne portent pas, car elles reposent sur une confusion entre le délit pénal et le délit civil, sur une prétendue connexité entre la législation répressive et la législation civile, d'après laquelle un fait, cessant d'être incriminé, devient licite même au regard de la loi civile.

Les actes interdits par le Code civil comme constitutifs de faute ne sont pas tous réprimés par la loi pénale. Ainsi en matière de dol, quantité de faits qui ne sont pas incriminés par les lois répressives, sont cependant des actes délictueux pouvant donner lieu à des dommages-intérêts envers la partie lésée. De nombreuses décisions judiciaires ont établi depuis longtemps la séparation qui existe sur ce point entre les deux législations (1).

_____

(1) Voir notamment Cass. 26 déc. 1863, S. 64, II, 508 et note de

Par conséquent, le même fait peut être rejeté par les tribunaux répressifs comme ne constituant pas un délit et être retenu par la juridiction civile comme étant de nature à motiver une condamnation à des dommages-intérêts. Il suit de là que cesser d'envisager un fait comme délictueux au point de vue pénal n'est pas nécessairement le rendre licite au point de vue civil. Le législateur n'a donc pas, par le seul fait qu'il a abrogé l'article 416, interdit de considérer les actes énumérés par cet article comme une faute pouvant engendrer la responsabilité civile du syndicat.

On a prétendu néanmoins que la théorie adoptée par la Cour de Grenoble était conforme à l'intention du législateur, clairement indiquée par les travaux préparatoires. L'abrogation de l'article 416, votée sans difficulté par la Chambre des Députés, donna lieu au Sénat à de longues discussions. Elle fut vivement combattue par M. Marcel Barthe qui s'appliqua à montrer que l'article 416 punissait seulement l'atteinte portée au libre exercice de l'industrie et du travail. Indiquant les conséquences désastreuses qu'entraînerait l'abrogation proposée, il disait : « Après l'abrogation de l'article 416, un patron qui aurait été ruiné par un interdit ayant eu pour effet d'obliger les ouvriers à sortir de son établissement, sera non recevable à intenter une action en dommages-intérêts contre ceux qui auront été les auteurs de sa ruine. Sans doute l'article 1382 du Code civil dispose que tout fait quelconque de l'homme qui occasionne un préjudice oblige celui par la

Labbé. — Garraud, *Précis de dr. crim.* p. 803., — Ortolan, *Rev. prat.*, t. XVII, p. 385 ; — Beudant, *Rev. crit.*, t. XXIV, p. 492.

faute duquel il est arrivé à le réparer ; mais vous savez
que ce qui a été fait en vertu d'un droit ne peut donner
lieu à réparation civile. »

Les conséquences de l'abrogation étaient donc clairement indiquées ; le Sénat qui la vota savait parfaitement
quelles en seraient les suites. Du reste, on proposa de
supprimer l'article 416 parce qu'il entravait l'action des
syndicats, parce qu'il en limitait la puissance. Si l'on
avait maintenu comme fautes civiles les faits qui n'étaient
plus des délits, on aurait manqué le but en laissant subsister la difficulté qu'on voulait détruire.

Cet argument n'est pas aussi décisif qu'on veut bien le
dire. L'opinion qu'on cite est personnelle à M. Marcel
Barthe. Ce qui le prouve, c'est que, dans le long et labo-
rieux débat que suscita l'abrogation de l'article 416, les
arguments présentés par tous les autres orateurs qui
prirent part à la discussion se réfèrent à cette seule question : est-il nécessaire de supprimer la sanction pénale
attachée aux faits prévus par l'article 416 ? Et le dernier
rapport qui précéda au Sénat le vote de l'abrogation
démontre clairement qu'on ne s'est occupé que du point
de vue pénal. « Nos collègues, disait M. Tolain, persistent
à croire qu'en dehors des faits prévus et punis par l'article
414, il est encore possible d'imaginer une violence morale
constituant une véritable atteinte à la liberté du travail et
qu'il est nécessaire d'en poursuivre les auteurs, sans que
pour cela l'interdiction absolue de la grève en soit la
conséquence forcée ». Et le rapporteur concluait qu'une
pareille opinion conduirait à l'arbitraire.

C'était bien exprimer que la question de pénalité seule
était en cause et qu'il ne s'agissait nullement de l'article
1382 du Code civil.

En somme, ni la loi de 1884, ni les discussions qui l'ont précédée ne fournissent d'indication pour résoudre la question de responsabilité civile qui nous intéresse. C'est donc aux principes généraux qu'il faut recourir pour en trouver la solution.

Tout d'abord, dans l'affaire soumise à la Cour de Grenoble, le préjudice causé au demandeur était incontestable; il ne fut du reste pas contesté. L'ouvrier congédié s'était vu interdire l'accès de toutes les usines de la région ; après les imprimeurs de Bourgoin, ceux du département du Rhône, ne voulant pas en accueillant Joost aller au devant d'une grève certaine, lui avaient refusé tout travail. De ce chef, Joost avait subi un long chômage qui avait épuisé ses ressources.

Reste le second élément nécessaire pour l'application de l'article 1382 : la faute. Le syndicat avait-il employé, pour arriver au résultat que nous connaissons, des manœuvres illicites ? La Cour de Grenoble répond négativement. Les faits de pression morale, mises à l'index, proscriptions, peuvent être accomplis impunément par une association professionnelle ; ils constituent l'exercice d'un droit ; ils ne peuvent donc pas avoir le caractère délictuel sans lequel l'article 1382 ne peut être appliqué.

Il est certain qu'un fait ne peut motiver une condamnation civile par cela seul qu'il est dommageable. Le propriétaire qui construit un mur à la distance légale intercepte la vue du voisin. Cependant il ne lui doit aucune réparation, car il n'a fait qu'user d'un des avantages attachés à son droit de propriété. Or, de l'exercice légitime d'un droit ne peut découler aucune obligation. *Qui suo jure utitur neminem lædit.* Mais ce principe doit être sainement entendu. Tout droit comporte le devoir de respecter le

droit des autres. Il est de principe que, pour être licite, il
ne suffit pas que l'usage que l'on fait de son droit soit
prohibé par la loi ; il faut encore qu'il ne porte pas atteinte
au droit d'autrui ; en effet, sans cette sage restriction que
commande la nature même des choses, les droits des uns
détruiraient ceux des autres. On peut user de son droit,
non en abuser

Le point délicat est de savoir où finit l'usage raison-
nable et où commence l'exercice abusif. Des théories
diverses ont été proposées sur cette difficile question. Ce
n'est pas ici le lieu de les discuter. Je m'en tiens simplement à l'opinion générale, ainsi formulée par M. Sourdat :

« Tout fait quelconque de l'homme dommageable pour
autrui exige réparation quand il n'a pas sa source dans
l'exercice d'un droit reconnu par la loi, ou quand il résulte
d'un mode particulier d'exercer son droit qui n'a pas d'utilité pour son auteur ou qui aurait pu être évité (1). »

Ce principe posé, recherchons si les moyens employés
contre l'ouvrier dissident par le Syndicat de Jallieu ne
constituent que l'exercice d'un droit.

Les syndicats n'agissent légalement que lorsqu'ils s'oc-
cupent de l'étude et de la défense des intérêts économiques
de la profession qu'ils représentent. C'est dans ces limites
précises que le législateur de 1884 (art. 3) a renfermé leur
activité ; c'est en vue de cette fin qu'il leur a donné l'existence et les a pourvus des droits divers qui résultent de la
personnalité civile. Si l'association agit en dehors de tout

---

(1) Sourdat, *Tr. gén. de resp.*, t. I, n° 440. — V. aussi Idem,
n° 441. — Toullier, t. XI, n° 119. — Cass. 2 déc. 1861, D. 61,
I, 171. — Cass. 20 mars 1878, S. 78, I, 406 et 14 août 1882, S 83,
I, 145.

intérêt professionnel, elle sort de son rôle social, elle agit
sans droit, elle accomplit des actes illicites. Est-ce que la
mise en interdit, intervenue dans les circonstances que
nous connaissons, avait pour objet la protection ou la défense d'un intérêt de profession? Quelle importance pouvait avoir le renvoi de Joost pour ceux qui exerçaient le
même métier que lui? « Pourquoi cette interdiction? Quels
droits légitimes pouvait-elle sauvegarder? Quels avantages
en retireraient les syndiqués? Aucun. Après sa sortie du
syndicat Joost travaillait aux mêmes conditions qu'avant;
il n'avait pas accepté une réduction de salaire, une augmentation de la durée de son travail, une modification quelconque dans ses rapports avec son patron. La présence de
Joost dans l'atelier après sa sortie du syndicat ne pouvait
directement ou indirectement porter aucun préjudice aux
autres ouvriers syndiqués ou non (1). »

On a prétendu néanmoins que le mobile qui avait poussé
le Syndicat à exiger le renvoi de Joost se rattachait aux
intérêts de la profession. Il ne s'agissait pas sans doute
d'une question de salaire ou de durée de travail intéressant
directement l'ouvrier, mais l'interdit avait été prononcé
dans l'intérêt même de l'association syndicale, c'est-à-dire
dans un but professionnel.

Le Syndicat ne voulait qu'une chose : que l'ouvrier res-
tât dans l'association à laquelle il avait librement adhéré.
A cette condition, on n'eût point exigé son renvoi de
l'usine où il travaillait. Or, n'est-il pas naturel que les
syndicats cherchent à garder leurs adhérents et même à
en accroître le nombre? leur action ne peut être utile et

(1) Conclusions de M. le Procureur général Ronjat devant la Cour
de cassation. *Rev. des Soc.* 1892, p. 400.

aboutir aux résultats qu'on attend d'elle qu'à cette condition. « Tous ces faits, dit M. Raoul Jay, qui ne sont point
restés isolés sur notre territoire ne sont que des manifestations d'une tendance générale, commune à toutes les associations professionnelles ouvrières. En effet les directeurs
de ces associations s'aperçoivent vite qu'ils ne pourront
jouer un rôle efficace, modifier, améliorer les conditions
du travail que le jour où elles comprendront la majorité,
sinon la totalité des ouvriers de la profession. Et alors
pour atteindre ce but, on les verra essayer de diverses
démarches qui, toutes, tendront au même résultat, rendre
l'adhésion au syndicat obligatoire en fait pour le plus
grand nombre possible d'ouvriers » (1).

Il est certain qu'une association professionnelle est
dans son rôle quand elle déploie son activité, prodigue ses
efforts, multiplie ses démarches pour arriver à grouper
le plus grand nombre possible d'adhérents. En augmen-
tant le nombre de ses membres, elle élargit le cercle de
son influence et par là assure d'une façon plus efficace la
protection des intérêts dont elle a la garde. Aussi le législateur, qui a vu dans l'institution syndicale un élément
d'ordre et d'équilibre, un moyen puissant de prévenir les
conflits entre le capital et le travail, n'a pas caché ses
sympathies pour les associations ouvrières et a exprimé
le vœu que tous les ouvriers en fassent partie. Mais il n'a
pas pensé, pour que l'œuvre réalisât ses espérances, qu'il
fût nécessaire de sacrifier aux droits de l'association les
droits de l'individu. C'est pour cette raison qu'il a décidé
que les syndicats seraient facultatifs. Il en a encouragé la
formation ; à tous ceux qui exercent un métier, une profes-

(1) Note sous Cass. 22 juin 1892, S. 93, I, 41.

sion il a vivement conseillé de grouper leurs efforts pour défendre leurs intérêts communs; il n'est pas allé plus loin, il a
laissé à chacun la faculté de choisir entre l'isolment et l'association. Rendre obligatoire, comme le voudrait M. Jay, l'adhésion au syndicat, c'eût été porter atteinte au droit imprescriptible de la liberté individuelle. Par conséquent, qu'un
syndicat cherche à faire toujours et encore de nouvelles
recrues, qu'il agisse loyalement auprès des individus pour
les engager à donner leur adhésion, mais qu'il respecte
avant tout le droit de chacun de rester en dehors de
toute association.

Du reste, on ne voit pas quelle utilité pourraient retirer
les syndicats de l'obligation imposée à chaque individu
de s'affilier au groupement corporatif correspondant à
la profession qu'il exerce. Si l'association sauvegarde
réellement les intérêts du métier, si elle procure aux travailleurs des avantages qu'ils ne pourraient pas obtenir
seuls, ceux-ci n'hésiteront pas à devenir des syndiqués.
D'autre part, si un membre veut quitter l'association,
pourquoi l'en empêcher? De deux choses l'une en effet :
ou l'association tient ses engagements, les résultats
qu'elle donne répondent aux promesses qu'elle a faites,
alors les défections individuelles qui pourront survenir
seront sans influence sur sa vitalité; ou bien elle n'offre
pas à ses adhérents les avantages sur lesquels ils comp-
taient, pourquoi les obliger dans ce cas à faire partie d'un
syndicat inutile?

En somme, s'il est permis de soutenir qu'un syndicat
qui poursuit le recrutement de ses membres agit uniquement en vue d'un intérêt professionnel, son action n'est
légitime que si elle respecte la faculté laissée à chaque
individu de rester étranger à l'association. Ainsi se pré-

cise le problème de responsabilité que j'examine. Le Syndicat du Jallieu avait il porté atteinte à la liberté de Joost?
Les manœuvres syndicales avaient lésé deux droits essentiels dans la personne de l'ouvrier frappé d'interdit : la
liberté du travail et le droit de quitter librement l'association. Ainsi apparaît le caractère illicite des actes du
syndicat rendant possible l'application de l'article 1382.

Le Syndicat avait voulu empêcher que l'ouvrier non
syndiqué pût exercer son métier. Non seulement il le fait
congédier par le patron qui l'emploie, mais il menace de
grève tous les chefs d'usine qui consentiraient à l'accueillir. Où trouver une atteinte à la liberté du travail plus
nettement caractérisée ? Or, cette liberté est un droit
imprescriptible auquel la loi de 1884 n'a apporté aucune
restriction. Si cette loi l'a dépouillé de quelques unes des
sanctions pénales qui le protégeaient, elle lui a laissé toute
sa force au point de vue du droit civil et il reste le principe fondamental de notre régime industriel. La plupart
des auteurs l'enseignent et les tribunaux l'admettent (1).

Cette solution est conforme à l'esprit de la loi sur les
associations professionnelles, qui n'a pas eu pour but de
permettre la constitution des syndicats au détriment de la
liberté individuelle. Ce qui retarda l'abrogation de l'article
416, ce fut la crainte de voir le principe du libre exercice
du travail privé de ses garanties nécessaires, et le vote de
l'abrogation n'eût lieu que sur l'assurance plusieurs fois
exprimée par le rapporteur au Sénat et le ministre de

---

(1) Lois nouvelles, 1884, 1re partie, p. 91 ; Veyan, *op. cit.*, p. 102 ;
Boullaire, p. 52. — Voir aussi Tr. civ. Valence, 27 février 1888, Lois
nouvelles 1888, 3e p., p. 74 ; Gaz. Pal., 18 avril 1888.

l'intérieur qu'on n'entendait en aucune façon diminuer la
protection de ce droit essentiel.

Enfin on inséra dans le texte de la loi une disposition
spéciale destinée à rassurer complètement ceux qui gardaient encore quelques appréhensions au sujet des effets
de l'abrogation. Cette disposition est contenue dans l'article 7 dont le premier paragraphe est ainsi conçu : « Tout
membre d'un syndicat professionnel peut se retirer à tout
instant de l'association, nonobstant toute clause contraire,
mais sans préjudice du droit pour le syndicat de réclamer
la cotisation de l'année courante. »

L'arrêt de Grenoble, il est vrai, déclare que cet article
n'a pas été violé par le Syndicat de Jallieu. Celui-ci n'avait
demandé au membre dissident, ni par un engagement
spécial, ni par une clause insérée dans les statuts, de renoncer à la faculté de démission établie par l'article 7.
M. Jay approuve cette interprétation. D'après lui, l'article 7 « vise uniquement à annuler toute disposition des
statuts qui aurait pour effet de lier pour un temps plus ou
moins long le syndiqué au syndicat » (1). C'est là, ajoute-
t il, le seul sens de ce texte ; c'est ce que prouvent ses
termes mêmes et encore plus la façon dont il a été introduit dans la loi.

Que des engagements de ce genre tombent sous la
sanction de l'article 7, c'est incontestable, mais affirmer
que ce sont là les seuls faits qu'il prohibe, c'est méconnaître, sinon le texte, du moins l'esprit de la loi. Le législateur n'a pas pensé, contrairement à l'Assemblée
Constituante, que le principe même de l'association fût in-
compatible avec la liberté individuelle. Tout en se mon-

(1) Note sous arrêt précité.

trant favorable à la création et au développement des
groupements corporatifs, il a énergiquement affirmé la
nécessité de garantir la liberté des individus contre les
atteintes possibles des syndicats; et c'est dans ce but
qu'il a introduit dans la loi de 1884 une exception remarquable à la liberté des conventions. En principe, chacun
peut s'engager à rester un certain temps dans une association ordinaire. L'article 7 décide qu'un pareil engagement vis-à-vis d'un syndicat est dépourvu de toute valeur
légale. Le seul fait d'établir une dérogation aussi grave
aux principes de droit commun ne révèle-t-il pas chez le
législateur la ferme volonté de ne tolérer de la part des
syndicats aucune entrave à la liberté individuelle?

Si on limitait la portée de l'article 7 aux seuls faits juridiques susceptibles de porter atteinte à ce droit, « le
droit qu'il protège deviendrait illusoire et ce serait, remarque justement M. Mongin, ouvrir la porte à bien des
abus de pouvoir; avec la seule précaution de ne pas insérer
dans ses statuts de clause dérogatoire à l'article 7, un syndicat pourrait sans crainte employer les moyens les plus
énergiques pour peser sur la volonté de ses membres » (1).
Ainsi la disposition de l'article 7 ne serait qu'une demi-
mesure qui ne mettrait pas les individus à l'abri des
dangers qu'on a voulu leur éviter. Tous les actes qui
directement ou indirectement violeraient le droit de démission accordé à tout syndiqué, sont prohibés; tel est le
sens exact de l'article 7.

On ne peut en douter si l'on consulte les travaux préparatoires. Les conditions dans lesquelles ce texte fut

(1) Note sous Grenoble 28 oct. 1890, *Pand. franc.*, 1892, 2e p.,
p. 17.

rédigé prouvent qu'on a entendu entourer de garanties
complètes la liberté individuelle en proscrivant tout fait de
nature à en entraver l'exercice légitime. « Je vois bien un
homme, disait M. Waldeck-Rousseau, qui est placé en
face d'une question concernant son intérêt immédiat et
qui est appelé à prendre une résolution sur le point que
voici : est-il plus avantageux pour lui de rester dans la
communauté en en subissant les charges ou d'en sortir en
en perdant les avantages ? » (1). Et il ajoutait que la loi
nouvelle assurait au syndiqué la faculté de choisir entre
deux partis en lui donnant le droit de démission.

Ce droit une fois accordé, il importait qu'aucun obstacle ne vînt empêcher le syndicataire d'en user à son
gré. C'est dans ce but qu'au Sénat, M. Marcel Barthe
déposa un amendement tendant à reconnaître aux syndiqués qui quitteraient l'association le droit de rester
membres des sociétés de secours mutuels ou des caisses
de retraite à l'actif desquelles ils auraient contribué par
leurs cotisations ou leurs versements. Cette proposition
fut adoptée ; elle devint le second alinéa de l'article 7.
Ainsi elle apparaît bien comme la sanction du principe
de liberté contenu dans l'alinéa précédent ; en effet on n'a
pas voulu que le syndiqué fût retenu dans l'association
par la crainte de perdre, en en sortant, les avantages que
peuvent lui procurer les œuvres de prévoyance instituées
par le syndicat et auxquelles il a fait peut-être des versements importants.

On trouve encore, sur la même question, des indications précieuses dans le rapport et les déclarations de
M. Tolain. « Il est impossible, disait-il, d'imposer à l'ou-

(1) *J. off.* 1884, Sénat, *Déb.*, p. 195.

vrier isolé quoi que ce soit; personne ne peut rien contre
lui; il est absolument libre... Oui, la liberté individuelle
est une chose sacrée et je pousse si loin l'amour qu'elle
m'inspire, que moi-même je ne voudrais pas enlever de la
loi l'article qui dit : « Bien que vous soyez entré dans un
syndicat professionnel après avoir examiné les statuts,
bien que vous ayez délibéré sur toutes les décisions qui
ont été prises dans le syndicat, bien que vous ayez voté
la grève, vous aurez le droit de vous en retirer, le jour
où la décision portera tort à vos intérêts » (1).

De toutes ces déclarations que conclure sinon que le
législateur en établissant le droit de démission se préoccu-
pait surtout de mettre la liberté de l'ouvrier à l'abri de toute
atteinte ? Pour obtenir ce résultat, il va jusqu'à frapper
de nullité tout engagement, librement consenti par l'ouvrier, portant renonciation à ce droit. A plus forte raison,
n'est-il pas permis à un syndicat de recourir à quelque
moyen que ce soit pour obliger l'ouvrier à rester malgré
lui dans l'association. En somme, les droits de l'association sont limités par les droits de l'individu. Celui-ci est
libre de rester en dehors du syndicat comme il est libre
d'en sortir une fois qu'il y est entré. C'est cette liberté
que le syndicat doit respecter dans ses décisions et dans
son action extérieure, sous peine de commettre une faute
qui, si elle est dommageable pour celui qu'elle atteint,
l'oblige à réparation.

Cette solution résulte des principes mêmes de responsabilité inscrits dans nos lois. Ne pourrait-on pas cependant
objecter qu'elle est trop rigoureuse pour les syndicats ?
Les associations professionnelles jouissent d'un moyen

_____

(1) *J. off.* 1884, Sénat, *Déb.*, p. 195.

puissant pour appuyer les réclamations qu'elles jugent
utile de faire valoir dans l'intérêt du métier qu'elles représentent : c'est la grève. Afin qu'elles puissent l'organiser
librement, — sauf à s'abstenir de tout acte de violence —
la loi de 1884 a supprimé l'article 416 Code pénal qui aurait
constitué une gène sérieuse. Mais si, dans les cas prévus par
la disposition abrogée, on admet qu'il peut y avoir lieu d'accorder des dommages-intérêts à la victime du préjudice,
on rétablit l'obstacle que le législateur a voulu détruire ; on
remplace seulement une sanction par une autre, à la
peine criminelle on substitue la peine civile, de telle sorte
que les syndicats se verront constamment menacés de
condamnations civiles qui pourront diminuer notablement
le capital sur lequel ils comptent pour soutenir une coalition. En définitive, le droit de grève est resserré en
d'étroites limites contrairement aux vues du législateur
qui n'entendait pas en restreindre l'exercice au détriment
des syndicats.

M. Mongin observe avec raison que la doctrine qui
maintient l'application des règles générales de responsabilité, malgré l'abrogation de l'article 416, ne paralyse pas
le droit d'organiser la grève, elle empêche seulement qu'il
ne devienne abusif. « Nombreux sont les cas, dit-il, où la
proclamation de la grève ne fera pas naître d'action en
indemnité. Supposons que le comité directeur décrète une
grève, frappe d'interdit un établissement et que les ouvriers,
obéissant à cet ordre, cessent leur travail ; à coup sûr
ceux d'entre eux qui n'ont suivi le mouvement qu'à contre-
cœur, par esprit de discipline ou par crainte de leurs
camarades, n'auront pas le droit de réclamer une indemnité, en alléguant que l'ordre donné portait atteinte à leur
liberté ; ils ont comme les autres consenti à cesser leur

travail, et la justice ne saurait se charger d'analyser tous
les ressorts qui ont pu influer sur leurs décisions. Mais le
droit à des dommages-intérêts commence à partir du
moment où des actes précis, caractérisés, viendront à se
produire contre l'ouvrier et lui enlever la liberté de rester
dans l'atelier » (1).

Cette façon de voir a été sanctionnée par la Cour de
cassation dans une décision du 22 juin 1892, cassant
l'arrêt de la Cour de Grenoble (2).

La Cour de Chambéry devant laquelle l'affaire est ren-
voyée admet à son tour la doctrine de la responsabilité du
syndicat. Après avoir constaté le défaut d'intérêt professionnel dans les agissements de l'association, l'arrêt insiste
spécialement sur la violation de l'article 7, dont il détermine l'exacte portée : « Par cette disposition, le législateur a voulu protéger la liberté individuelle ; s'il ne permet pas d'y renoncer par des clauses librement consenties,
il prohibe à plus forte raison toute manœuvre, tout agis-
sement qui tendrait à en paralyser l'exercice ; cette liberté
dont le maintien est d'ordre public deviendrait purement
illusoire pour l'ouvrier, s'il ne pouvait en user sans se voir
menacé par là même d'être privé du travail qui est le plus
souvent son seul moyen d'existence (3). »

Cette théorie, qui a définitivement triomphé en jurisprudence, est conforme à l'esprit de la loi de 1884 en
même temps qu'elle est l'application exacte des principes
de responsabilité. Néanmoins, certains auteurs qui acceptent de mauvaise grâce la soumission des syndicats au

(1) Note précitée.
(2) Cass. 22 juin 1892, *loc. cit.*
(3) Chambéry, 14 mars 1893, S. 93, II, 139.

régime de droit commun, déclarent qu'une pareille doctrine est de nature à restreindre l'extension de l'institution
syndicale. « Le régime de la liberté de l'industrie et du
travail, disent-ils, permettra-t-il le développement suffisant
de l'association professionnelle? Nous en doutons. En tout
cas, pour que ce développement soit possible, il faut que
la liberté des syndicats reste entière, il faut même que
nous sachions parfois oublier la classique antithèse de la
liberté et de la licence, fermer les yeux sur des abus
qu'il y aurait plus d'inconvénients à réprimer qu'à tolérer (1). »

Si les syndicats ne pouvaient réellement acquérir qu'à
ce prix l'influence qui leur est nécessaire, ils seraient une
institution dangereuse et il faudrait sans hésiter blâmer le
législateur d'en avoir autorisé la création. En effet l'Etat
a la mission de faire respecter les droits de chacun pour
maintenir entre les rapports de tous l'harmonie indispensable à la conservation de la société. C'est en raison de
cette fin qu'il doit protéger les droits des individus et réprimer les abus qui en empêchent le légitime exercice.
L'antithèse entre la liberté et la licence correspond à ce
double devoir et, si elle est devenue classique, si tous les
peuples civilisés l'ont inscrite dans leurs législations, c'est
qu'elle est à la fois la réalisation d'une idée de justice et
d'un besoin social. Et c'est à cette loi dominante qu'on voudrait soustraire les syndicats ! Est-il vrai qu'en leur refusant ce privilège exorbitant, on les condamne à l'inertie?
Faut-il donc, sous peine de les rendre inutiles, les laisser
violer impunément des droits aussi essentiels que la liberté

(1) Note de M. Raoul Jay, *loc. cit.*

individuelle et la liberté du travail? Singulier moyen de
réaliser la mission pacifique à laquelle on les a destinés !
Fort heureusement, la prospérité des syndicats ne dépend
pas de la suppression en leur faveur des règles de responsabilité.

Bien loin d'entraver leur action, l'article 1382 la contient
dans de sages limites. Il leur interdit les excès de toute
nature auxquels ils peuvent se laisser facilement entraîner; il les empêche de commettre ces actes irritants,
vexatoires qui arrivent à éloigner d'eux les individus
mêmes dont ils recherchent le concours, compromettant
ainsi la cause qu'ils prétendent servir.

Du reste, les faits sont là pour démontrer plus clairement que les théories les mieux construites la nécessité
d'une règle permettant de réprimer les abus qui émanent
des syndicats.

Une Chambre syndicale d'ouvriers fondeurs en cuivre
avait imaginé un système très ingénieux pour obliger
ses adhérents à subir docilement ses décisions. Elle
frappait d'une double consigne patrons et ouvriers :
aux patrons il était interdit, sous menace de grève, d'agréer
des ouvriers mis à l'index ; aux ouvriers on défendait de
travailler dans un atelier frappé d'interdiction, sous peine
d'être eux-mêmes mis à l'index. Enfin, pour rendre cette
combinaison plus sûrement efficace, la liste des proscrits
était publiée dans une feuille spéciale, organe du syndicat,
sous la rubrique : *Pilori corporatif*. Un ouvrier qui avait
enfreint l'ordre de la Chambre syndicale se vit priver de
travail et condamné à un long chômage. Il finit par intenter une action en dommages-intérêts devant le tribunal
civil de la Seine, en même temps que son fils qui n'avait
pas été épargné par le Syndicat. Celui-ci fut condamné et

le jugement reconnaît « qu'admettre la légitimité de pareils procédés serait confisquer le droit individuel du travail-leur » (1).

Une manœuvre qu'on relève assez fréquemment dans les relations des syndicats avec les patrons consiste à exiger de ces derniers qu'ils n'acceptent pour travailler dans leurs usines que des ouvriers syndiqués. Ainsi à Lyon, il s'était formé un syndicat qui était arrivé à englo-ber la presque totalité des ouvriers robinetiers travaillant dans cette ville. Ce résultat, pourtant remarquable, ne parut pas suffisant à l'association qui voulait réunir tous les ouvriers du même métier. Dans ce but, le Syndicat décida de mettre en interdit les ateliers dans lesquels on emploierait des ouvriers non syndiqués. Les patrons, auxquels on notifia cette résolution, effrayés par les menaces de l'association, tinrent compte de l'avertisse-ment et n'admirent dans leurs usines que des ouvriers faisant partie du Syndicat. Par suite de ces faits, un ouvrier resta sans travail pendant deux ans. Il pensa que le dommage dont il souffrait était imputable au Syndicat et que celui-ci lui devait une compensation. La Cour de Lyon, devant laquelle il porta sa demande, en reconnut le bien fondé ; le Syndicat fut condamné (2).

Parmi les associations ouvrières, il en est qui exercent autour d'elles une véritable oppression. L'ouvrier rebelle à leurs ordres est un ennemi qu'il faut réduire à tout prix. On ne se contente pas de lui fermer la porte des ateliers qui fonctionnent dans la ville même où il exerce son tra-

(1) Tr. civ. Seine 4 juillet 1895 ; C. Paris, 31 mars 1896, D. 96, II, 184.

(2) Lyon, 15 mai 1895, D. 95, II, 310 ; *Bulletin de l'Office du trav*. 1895, p. 494.

vail, on le suit pas à pas, on épie ses démarches et partout le syndicat use de son influence pour contraindre les patrons auxquels il s'adresse à ne pas l'accueillir.

Un ouvrier, frappé d'une mise à l'index par un Syndicat de province, accourt à Paris et finit par entrer dans un atelier de Saint-Denis. Mais le Syndicat qui l'avait proscrit arrive à connaître son refuge; dès lors il agit auprès de l'association du même métier à Paris et obtient d'elle qu'elle exige du patron le renvoi de l'ouvrier. Le patron, avant d'obéir à l'injonction du Syndicat, demande un délai qu'on lui accorde. Mais, content des services de son ouvrier, il se soucie peu de s'en priver en le congédiant. Le Syndicat insiste et lui rappelle sa promesse; le patron n'ose plus résister et renvoie l'ouvrier. Celui-ci cherche vainement un nouvel emploi; le Syndicat avait prévenu les chefs d'atelier qui, craignant d'entrer en lutte avec la corporation de leurs ouvriers, observent la consigne donnée. Éconduit et rebuté, le malheureux ouvrier n'eut plus que la ressource de porter ses doléances devant les tribunaux.

On ne peut contester que de tels procédés constituent de graves abus. Le tribunal de la Seine, qui avait à statuer sur l'affaire, n'hésita pas à condamner à des dommages-intérêts le Syndicat qui avait affiché un mépris aussi violent de la liberté du travail et de l'indépendance des citoyens (1).

Il ne faut point cependant exagérer la fréquence des abus de cette sorte. Cet esprit de haine pour tous ceux qui sont en dehors de l'association se révèle encore assez rarement. Mais il suffit que ces atteintes à la liberté

(1) Tr. civ. Seine, 6 nov. 1895, *Pand. franç.* 96, II, 167; *Bulletin de l'Office du trav.* 1896, p. 61.

soient possibles pour maintenir à l'égard des syndicats la
règle de la responsabilité délictuelle.

Des esprits très libéraux s'inquiétaient des dangers que
pourrait amener la disparition de l'article 416 du Code pénal ;
rendre inapplicable en notre matière le principe de la faute
délictuelle, serait donner une véritable omnipotence aux
syndicats et confisquer à leur profit le droit de travailler
qui, suivant la parole de Turgot, est la première, la plus
sacrée et la plus imprescriptible des propriétés.

§ II. — Violation de l'article 3 de la loi de 1884. Défaut d'intérêt professionnel.

Les associations qui pratiquent ces tracasseries malveillantes se détournent de leur fin légale. Elles agissent
encore en dehors de leurs attributions, lorqu'elles cherchent
non plus à imposer leur volonté par la contrainte aux individus qui persistent à rester hors du groupe corporatif,
mais à régenter les syndiqués dans leurs rapports entre
eux. Il n'y a pas alors violation du droit de démission de
leurs membres, mais en voulant obliger un des syndiqués
à se conformer à une délibération prise sur un objet étranger à son institution, le syndicat commet une infraction à
l'article 3 de la loi de 1884, c'est-à-dire une faute qui peut
servir à établir sa responsabilité civile.

Les syndicats peuvent s'occuper de toutes les questions
qui touchent aux intérêts du métier qu'ils représentent.
Mais qu'est-ce qu'un acte professionnel ? à quels signes
peut-on reconnaître l'intérêt professionnel ? Le législateur
ne l'a pas dit. On peut en trouver la définition dans les
décisions des tribunaux.

Il a été jugé qu'une association professionnelle doit
« avoir été constituée en vue de l'intérêt général de la
profession et que les actions en justice ne peuvent être
exercées elles-mêmes par le président du syndicat
qu'autant qu'elles ont pour objet un intérêt collectif
s'appliquant à tous les membres syndiqués. » (Tr. civ.
Evreux, 21 oct. 1887, G. Pal. 88, I, 590 ; Tr. civ. Arras,
13 juin 1888, G. Pal. 88,I,576 ; Tr. corr. St-Etienne,
17 déc. 1889, Rev. des Soc. 1890 p. 308).

En vertu de ce principe, le syndicat a le droit de débattre
avec les patrons les conditions du travail: chiffres de salaires
réglementation d'atelier, etc. Sur tous ces points, les conventions qu'il passe sont licites, elles doivent même être le but
principal de ses efforts. Quant à savoir si l'association peut
demander en justice l'exécution de ce contrat collectif
lorsque le patron vient à violer ses engagements vis-à-vis
d'un ou de plusieurs ouvriers syndiqués, c'est là une
question fort controversée dont la discussion ne rentre
pas dans le cadre de cette étude (1).

Ce qu'il faut retenir de ces diverses décisions, c'est que
l'acte n'est vraiment professionnel qu'autant que la question qu'il soulève intéressse la corporation tout entière.
Un syndicat cherche-t-il à obtenir une réforme dans la réglementation du travail, il agit légalement, car il vise à
rendre meilleure la condition de tous ses membres. Au
contraire, s'il tente telle démarche, prend telle décision
qui favorise quelques-uns de ses adhérents, ce n'est plus

---

(1) V. Tr. civ. Charolles, 18 fév. 1890, *Rev. des Soc.* 1890, p.319 ; Tr.
civ. de la Seine, 4 février 1892, *Rev. des Soc.* 1892, p. 197 ; Cass.
1er février 1893, *Rev. des Soc.* 1893, p. 172. — V. aussi Hubert-Valleroux, *Le Cont. de trav.* (Paris 1893), p. 204 et suiv.

alors l'intérêt de tous qui le guide, il n'y a plus de question de métier en jeu ; le syndicat agit *sine jure* et s'il a
causé de ce chef un préjudice précis, la personne lésée
est fondée à s'en plaindre devant les tribunaux.

Un fait de ce genre s'était produit dans un Syndicat de
tailleurs de cristaux. Deux ouvriers, membres l'un et
l'autre du groupe corporatif, travaillaient aux pièces dans
la même usine de cristallerie. Par suite de l'insuffisance
de travail, l'un d'eux, le sieur E.., était obligé de quitter
l'atelier. La Chambre syndicale crut alors de son devoir
d'intervenir auprès de l'autre ouvrier, nommé O..., qui
avait été maintenu dans l'usine et le contraindre de parta-
ger sa tâche avec E... L'ouvrier refusa. Pour le punir de
sa résistance, le Syndicat se réunit en assemblée générale
et décida que ses membres se mettraient en grève si le
syndicataire indocile n'était pas congédié sur-le-champ. Le
patron, craignant de voir son usine désertée par les ouvriers pour un différend auquel il était étranger, renvoya
le lendemain l'ouvrier qu'on lui avait désigné. Celui-ci
privé de tout travail pendant quelque temps introduisit
enfin une demande en dommages-intérêts contre le Syndicat qui, par ses manœuvres, l'avait acculé au chômage.

Par un jugement du 22 janvier 1892, le tribunal de
Lyon repoussait l'action du demandeur, sous prétexte que
« les articles 1382 et suivants ne permettent pas d'obtenir
réparation d'un préjudice contre celui qui n'a fait qu'user
d'un droit ; que, dans la cause, une question de salaires
avait été en jeu, sinon entre les ouvriers et le patron, du
moins entre l'ouvrier O... et deux de ses compagnons dont
les salaires étaient au compte de celui-ci. »

Sans doute la difficulté, qui avait fait naître le conflit
entre l'ouvrier O... et le groupe syndical, était bien rela-

tive aux salaires ; mais, pour que l'acte de l'association
vis-à-vis de celui de ses membres qui n'avait pas entendu
subir la volonté commune ne fût que la conséquence d'un
droit légitimement exercé, il aurait fallu que la question
en cause eût un caractère général, qu'elle intéressât la
profession tout entière et non pas seulement deux ouvriers. Quel avantage les syndiqués pouvaient-ils retirer
de la combinaison que le syndicat voulait imposer à l'ouvrier O...? Aucun ; l'ouvrier, sur lequel avait pesé la
pression syndicale, travaillait vis-à-vis du patron dans les
mêmes conditions que précédemment ; le contrat de
louage n'était pas modifié.

En somme, la question en litige concernait exclusivement
les personnes et non la profession. Il ne s'agissait pas d'une
augmentation de salaire ou même d'un nouveau mode de
payement visant tous les ouvriers du même métier car on
n'aurait pas pu dans ce cas contester la légitimité de l'action
syndicale. La seule prétention du groupe était d'imposer à
un de ses adhérents un sacrifice pécuniaire, l'abandon d'une
partie de son travail au profit d'un de ses camarades d'atelier.
Le syndicat intervenait à tort dans un débat d'ordre privé ;
en associant à cette discussion le métier dont il était l'organe, il outrepassait les limites de son rôle légal, il ne
restait plus le gardien des intérêts de la profession, il
portait atteinte à la liberté d'un de ses membres à qui il
ne pouvait reprocher d'avoir enfreint la loi des statuts.

Cette solution ne ressort pas seulement de la loi de
1884, elle se rattache directement aux principes qui do-
minent la matière des contrats. Toute personne qui fait
une convention aliène une partie de sa liberté. Un ouvrier
conclut un engagement avec un patron : il accepte par là
de travailler sous telles conditions déterminées ; de son

côté le patron s'oblige à lui fournir, comme prix de ses
services, un certain salaire. Dès ce moment, aucune des
deux parties n'est libre de rompre la convention quand il
lui plaît, chacune d'elles est contrainte d'agir dans le
sens indiqué par le contrat.

Lorsque plusieurs individus ont formé entre eux une
société, chaque associé est tenu d'accomplir les obligations
promises ; et, d'une façon générale, pour tout ce qui concerne les opérations qui font l'objet de la société, il ne
peut pas agir à son gré et doit se soumettre à la volonté
commune, telle qu'elle résulte des conventions établies,
c'est-à-dire des statuts de la société.

Dans le syndicat, les choses ne se passent pas autrement : chaque adhérent abdique une partie de ses
droits, accepte la direction du groupement et substitue à
sa volonté personnelle celle de la corporation. Mais ce
qu'il faut bien observer, c'est que, s'il aliène sa liberté,
c'est seulement au sujet des actes relatifs à l'objet du
syndicat. Entre lui et l'association, il s'est formé un contrat synallagmatique comportant pour l'adhérent la nécessité de remplir les obligations exigées par les statuts et
pour le syndicat l'engagement de sauvegarder les intérêts
du métier.

C'est à ce seul point de vue que le syndiqué se
trouve sous la tutelle de l'association ; pour tous les
faits qui n'ont point un caractère professionnel, aucun
lien ne le rattache au groupe, il garde pleine et entière
sa capacité d'agir comme il l'entend. Et si le syndicat
dont il est membre émet la prétention de lui dicter une
règle de conduite quelconque en ce qui concerne ses intérêts particuliers, il n'a pas à tenir compte de ses exigences. Quant à l'association, en accompagnant ses ordres

de menaces, elle commet un fait délictueux qui l'oblige à réparation lorsqu'il en est résulté un dommage constant.

Cette solution est celle adoptée par la Cour d'appel de Lyon réformant, dans l'affaire que je viens d'exposer, la décision des premiers juges. « La liberté, est-il dit dans l'arrêt, n'a été accordée aux syndicats que pour protéger les intérêts professionnels de leurs membres, dans leurs relations avec les patrons. Un syndicat ne peut, par suite, appliquer son autorité à résoudre les conflits entre ouvriers. Si l'un des membres du syndicat refuse de se soumettre à une décision du Comité directeur, rendue en faveur de l'un de ses camarades, le syndicat ne peut employer légitimement la grève pour forcer le patron à renvoyer cet ouvrier » (1).

En définitive, toutes les fois qu'un syndicat décrète une mesure, vote une interdiction, décide un acte quelconque en vue d'un intérêt de métier, il exerce régulièrement son autorité et il peut exiger de ses adhérents une complète soumission, sauf à leur laisser toute liberté de se retirer du groupe. En tout autre cas, il commet un abus de pouvoir qui peut, aux termes de l'article 1382, engager sa responsabilité civile.

§ III. — Atteintes à la liberté du commerce.

En supprimant les corps de métiers, l'Assemblée Constituante avait voulu affranchir le commerce et l'industrie des règles étroites dans lesquelles ils étaient emprisonnés. La fabrication des produits, la vente des marchandises

(1) Lyon, 2 mars 1894, D. 94, II, 305 et note de M. Planiol.

n'étaient plus réservées à un petit nombre de personnes ;
le privilège de quelques-uns devenait le droit de tous.
Déjà l'édit de 1776 avait posé pour la première fois ce
principe de liberté. « Il sera libre à toutes personnes de
quelque qualité et condition qu'elles soient....., lit-on dans
l'article 1er, d'embrasser et d'exercer dans notre royaume
telle espèce de commerce que bon leur semblera ». Cette
doctrine a été consacrée dans les décrets des 2-17 mars 1791,
des 4-13 nivôse an III et on la trouve reproduite dans les
Constitutions du 5 fructidor an III et de 1848.

Si les rédacteurs de la Constitution de 1875 n'ont pas
fait de déclaration semblable, c'est qu'ils ont jugé inutile de
formuler à nouveau une idée depuis longtemps admise et
que personne ne songeait plus à contester. Il suffisait de
laisser subsister certaines dispositions de nos Codes, tendant à assurer à toute personne le libre exercice du
commerce ou de l'industrie. Telle est la disposition de
l'article 6 du Code civil qui frappe de nullité absolue toute
convention qui aurait pour but de restreindre les droits de
l'individu sur ce point. Quant aux atteintes qu'ils peuvent
recevoir de la part des tiers, quelques-unes constituent des
délits punissables, les autres sont seulement des actes
délictueux soumis à la règle de l'article 1382 du Code
civil.

A propos des garanties pénales qui protègent la liberté
du commerce, nous savons que la loi de 1884 n'a pas
abrogé l'article 419, mais en a seulement réduit le champ
d'application. Ainsi l'accaparement de denrées ou de
marchandises par une réunion d'individus reste toujours
un délit. Néanmoins, l'hypothèse d'un accaparement ne
pourra jamais être réalisée par un syndicat. La concen-
tration dans les mêmes mains d'une catégorie de produits

suppose une série d'opérations commerciales incompatibles avec la nature d'un syndicat professionnel. L'association qui fait, au mépris de la loi, des actes de commerce frauduleux n'échappe certainement pas aux dommages-intérêts qui peuvent en être la conséquence, mais c'est à titre de société et non en sa qualité de syndicat qu'elle sera condamnée.

On peut cependant se trouver en face d'une association réellement professionnelle dont les manœuvres à l'égard d'un commerçant ou d'un industriel constituent une faute au sens de l'article 1382 et obligent le syndicat à une réparation civile.

Un certain nombre de marchands d'eaux minérales de Lyon s'étaient groupés en syndicat, s'engageant entre eux à vendre leurs marchandises à un tarif déterminé et à ne pas vendre aux marchands qui ne feraient pas partie de leur association. En même temps ils faisaient prendre aux principaux détenteurs de gros l'engagement de ne pas vendre non plus aux non syndiqués. Par suite de ces agissements, un commerçant fut obligé de prendre des voies détournées pour alimenter son commerce et de payer des prix plus élevés que ceux faits à ses concurrents. Il avait ainsi subi un préjudice incontestable ; il voulut en obtenir réparation. Sa demande fut favorablement accueillie et les membres du Syndicat solidairement condamnés (1).

L'atteinte à la liberté du commerce était en effet nettement caractérisée. Les commerçants syndiqués ne s'étaient pas seulement entendus pour maintenir leurs marchandises à des prix déterminés ; ils voulaient encore empêcher les marchands étrangers au Syndicat de se pourvoir chez les

_____

(1) Lyon, 24 avril 1896, *Bull. de l'Off. du trav.*, avril 1897.

industriels avec lesquels les associés avaient traité. En
imposant aux détenteurs de gros l'obligation de ne
vendre qu'aux syndiqués, ils faisaient une convention
nulle aux termes de l'art. 6 du Code civil; bien plus ils
entravaient le fonctionnement régulier des affaires des
commerçants dissidents ; ceux-ci avaient droit à une indemnité.

Une espèce plus significative encore montre bien le
mépris absolu avec lequel certains syndicats traitent la
liberté des commerçants quand elle leur porte ombrage et les
empêche d'accomplir sans gêne leur besogne de vengeance.

Une association d'ouvriers métallurgistes avait vu s'éloigner d'elle un certain nombre de ses adhérents. Dès ce moment, les membres restants du syndicat, irrités du départ
de leurs camarades infidèles, résolurent d'éviter avec eux
tout contact. Comme les dissidents continuaient à fréquen-
ter le cabaret même où les syndiqués avaient coutume de
se réunir, on décida de frapper d'interdiction le refuge
des renégats. Aussitôt paraissait dans un journal, dévoué
à la cause de l'association, la mention suivante : Mise à
l'index de X..., débitant, pour avoir reçu des ouvriers
réfractaires.

Cette mesure n'eût pas probablement l'effet qu'on en
attendait, car, quelques jours après, le journal qui soutenait les intérêts du groupe publiait une note ainsi conçue :
« A l'occasion de la fête patronale, la Chambre syndicale
engage tous les bons citoyens à ne pas aller dans les
cafés où l'on reçoit ces tristes sires (les dissidents),
notamment dans le café tenu par X... » Cette fois, le
coup porta; les syndiqués et leurs amis obéirent et le
débitant put constater qu'une partie considérable de sa
clientèle avait déserté son établissement. Mais il n'enten-

dait pas subir sans se plaindre le despotisme de la corporation. Il porta les faits à la connaissance du tribunal et réclama une juste compensation.

Comme dans les hypothèses que nous avons eu l'occasion d'examiner précédemment, le Syndicat invoque pour sa défense la légitimité de la mise à l'index, devenue un procédé régulier depuis la disparition de l'article 416 du Code pénal. Nous savons ce qu'il faut penser de cet argument ; il est inutile d'y revenir. Constatons également en passant le manque total d'intérêt professionnel : il ne s'agissait pas de mettre à l'index un patron ayant avec ses ouvriers des discussions sur les salaires ou la réglementation du travail ; il n'était pas non plus question de condamner publiquement la conduite de travailleurs dont les actes auraient compromis les intérêts du métier.

La seule personne visée est un commerçant à qui l'on reproche la qualité de sa clientèle. Le Syndicat, il est vrai, cherche avant tout à se venger des ouvriers qui ont secoué le joug et repris leur indépendance. Mais pour atteindre ce but, plus facile à comprendre qu'à justifier, le Syndicat use d'un moyen qui est une atteinte directe au droit du débitant de recevoir qui il veut dans l'établissement où il exerce son négoce. Aussi ce dernier obtient-il sans peine du tribunal la satisfaction à laquelle il a droit.

C'est bien dans l'attitude de certaines associations professionnelles de ne laisser ni trève ni repos aux individus qu'elles ont excommuniés et de ne respecter autour d'elles que les personnes qui peuvent contribuer à la réalisation de leur œuvre malsaine. Il va sans dire que cet égoïsme corporatif, aussi révoltant que la plus dure tyrannie avec laquelle il est bien près de se confondre, contrecarre absolument la pensée du législateur de 1884 ;

car il est certain que la loi sur les syndicats « est une loi
de liberté et de progrès dont le but est de protéger le
faible contre le fort et qu'elle n'a pas voulu organiser la
tyrannie, en établissant pour la collectivité le droit d'op-
primer l'individu » (1).

§ IV. — Diffamation, injures, etc.

On sait que beaucoup d'associations professionnelles
possèdent un journal, rédigé par quelques-uns de leurs
membres ; c'est à la fois une feuille de renseignements
pour les syndiqués et un instrument de propagande pour
le groupe qui peut par ce moyen répandre ses idées et
faire connaître à tous les services qu'il procure à ses
adhérents. Ainsi par le journal se complète et s'étend
l'influence syndicale.

Mais le groupe se sert aussi du journal pour insérer ses
proscriptions ; on y lit parfois des diatribes très vives dirigées contre les patrons ; ou encore des articles violents,
d'où la diffamation et l'injure ne sont pas toujours
absentes, dénoncent à la vindicte publique les individus qui
ont cessé de plaire au Syndicat. Les personnes atteintes
par ces imputations calomnieuses ont le droit de demander
réparation du dommage causé.

Bien souvent aussi un journal, dont l'administration et
la rédaction sont autonomes, mais qui sert la même cause
que le syndicat, lui apporte l'aide de sa publicité. Là
encore, si les insertions faites par le syndicat sont rédi-

- (1) Tr. Charleville, 7 janvier 1892 ; Nancy, 14 mai 1892, D. 92, II,
434,

gées en termes injurieux ou diffamatoires, le groupe corporatif doit être considéré comme l'auteur de l'article incriminé et il est touché par l'obligation aux dommages-intérêts.

Un journal de Lyon avait publié des insinuations malveillantes contre un patron; l'article était signé par un Syndicat d'ouvriers maçons. Il invitait les ouvriers à abandonner les chantiers et menaçait ceux qui continueraient d'y travailler de publier leurs noms. Quelques jours après les noms étaient effectivement publiés. Ces articles avaient provoqué le départ d'un certain nombre d'ouvriers occupés par le patron diffamé. Celui-ci intente alors une action en dommages-intérêts devant le tribunal qui condamne solidairement le Syndicat et le journal (1).

De ces cas de responsabilité on peut rapprocher une hypothèse voisine où la faute de la corporation est de même nature, mais réalisée par un moyen différent.

Aux termes de l'article 6 § 5 de la loi de 1884, les syndicats professionnels peuvent « créer et administrer des offices de renseignements pour les offres et les demandes de travail ». Les syndiqués qui sont préposés à la direction de ces offices doivent, en toute impartialité, fournir des renseignements exacts et justes. En est-il toujours ainsi? Les tribunaux n'ont pas eu, je crois, l'occasion de le constater (2). Mais, quand on sait la tendance de certaines

_____

(1) Tr. civ. Lyon 17 juin 1898, *Rev. des soc.*, février 1899. — V. aussi Tr. civ. Seine, 10 août 1899, *Moniteur judiciaire*, 26 sept. 1899.

(2) Il y a cependant des décisions judiciaires sur des affaires intéressant des agences de renseignements privées : Paris, 14 décembre 1884, S. 84, II, 163 ; - Tr. com. Seine, 12 novembre 1885, *La Loi* du 15 nov. 1885 ; — Cass. 26 octobre 1886, S. 87, I, 441.

associations à nuire par tous les moyens aux personnes
qui ont encouru leur inimitié, on conçoit fort bien que
le bureau de placement fondé par un syndicat puisse
donner sur tel ou tel individu des indications erronées ou
malveillantes. Chaque fois qu'on relèvera à la charge du
directeur du bureau des renseignements des allégations
mensongères ou de nature à porter atteinte à la considération des personnes, le syndicat, responsable de la faute
de son préposé, devra réparer le préjudice qu'elle a
causé.

§ V. — De l'exclusion arbitraire.

Nous avons vu que le procédé dont se servent communément les syndicats pour sanctionner leurs décisions est
la mise à l'index ou proscription. Ce n'est pas cependant
le seul. Il en est un autre plus spécial, moins souvent
employé, mais qui trahit parfois cet esprit d'autorité
intransigeante dont nous avons constaté maintes fois déjà
les manifestations. Je veux parler de la mesure par
laquelle une association exclut un ou plusieurs de ses
membres.

Bien que la loi de 1884 ne confère pas expressément
aux syndicats cette faculté d'exclusion, on reconnaît généralement qu'ils ont le pouvoir de rompre dans certains
cas vis-à-vis de tel ou tel de leurs membres le lien con-
tractuel qui rattache les adhérents à la corporation. La loi
du 24 juillet 1867, en ce qui concerne les sociétés à capital variable, admet comme valable le droit d'exclusion
stipulé dans les statuts. De son côté, la jurisprudence re-

connaît la même faculté aux sociétés de secours mutuels (1).

Il semble équitable et juridique d'étendre cette théorie aux syndicats. Il y a en effet entre les sociétés de secours mutuels et les syndicats professionnels une affinité, une ressemblance intime : ces deux institutions procèdent du même principe de solidarité et d'assistance ; l'une et l'autre ont pour but d'améliorer la condition de leurs adhérents en protégeant leurs intérêts et en pourvoyant à leurs besoins.

Pour atteindre les résultats qu'elles cherchent, ces associations doivent maintenir entre leurs membres une harmonie constante, en exigeant d'eux cette homogénéité de vues et d'efforts sans laquelle une collectivité ne peut accomplir l'œuvre commune. En d'autres termes, la réalisation du but ne peut s'obtenir que par l'observation fidèle du pacte social. Si un adhérent ne se conforme pas aux prescriptions statutaires, si sa conduite comme syndiqué ne répond plus aux engagements qu'il a pris en entrant dans l'association, le syndicat peut se considérer comme dégagé vis-à-vis de lui de toute obligation.

En effet, aux termes de l'article 1184 du Code civil, dans tout contrat synallagmatique se trouve sous-entendue une clause d'après laquelle le contrat est résolu si l'une des parties n'exécute pas son obligation. Seulement cette clause, qu'on appelle le pacte commissoire tacite, ne devient exécutoire qu'en vertu d'un jugement. Par conséquent, lorsqu'un membre est exclu de l'association pour n'avoir

_____

(1) Toulouse, 15 janvier 1889, S. 90, II, 231 ; — Bordeaux, 22 janvier 1889, S. 89, II. 149 ; — Rennes, 30 oct. 1889, S. 91, II. 41; — Agen, 12 mars 1891, S. 91, II, 216 ; — Bordeaux, 25 mars 1892, *Rev. des Soc.* 1892, p. 18 ; Lyon, 18 mai 1892, *Rev. des Soc.* 1893, p. 42.

pas rempli les engagements qu'il avait contractés, la mesure prise contre lui n'est définitive qu'après qu'elle a été sanctionnée par les tribunaux. En tous cas, l'exclusion prononcée pour le motif que je viens d'indiquer est absolument licite et ne peut devenir la cause d'une obligation à des dommages-intérêts.

Un Syndicat d'ouvriers charbonniers du Havre s'était fondé en vue de soutenir les salaires par tous les moyens légaux. Néanmoins un des syndiqués consent à travailler au rabais. Une pareille attitude pouvant compromettre les intérêts du métier, la Chambre syndicale prononce l'exclusion.

Ainsi appliquée, la mesure était légitime, car le sociétaire savait en entrant dans l'association que la fixation du taux des salaires faite par la majorité de ses collègues était l'un des buts cherchés et, par le fait de son entrée, il avait consenti à l'accepter. On pouvait donc lui reprocher un manquement grave au pacte social. Aussi le tribunal saisi par l'ouvrier exclu d'une action contre le syndicat repousse les prétentions du demandeur et constate que l'association n'a fait qu'user raisonnablement de son droit (1).

Cette doctrine est la juste application de la loi qui régit les contrats et l'on ne comprend guère les hésitations de quelques auteurs qui veulent que, même dans le cas qui nous occupe, l'exclusion ne puisse être prononcée qu'en vertu d'une disposition particulière des statuts.

Il ne faut pas perdre de vue que les rapports des syndiqués avec le groupe syndical sont déterminés par un contrat qui reste soumis au droit commun. Du reste, s'il se croit frappé à

(1) Tr. civ. du Havre 26 oct. 1894, D. 95, II, 202 ; *Rev. des Soc.* 1895, p. 179 et note de Hubert-Valleroux.

tort, tout membre du syndicat a le droit de s'adresser aux tribunaux. Il s'agit en effet de contestations relatives à l'interprétation des conventions ; c'est donc à l'autorité judiciaire qu'il appartient de trancher le débat. Cette considération doit suffire à dissiper les appréhensions de ceux qui redoutent des abus d'autorité de la part des Chambres syndicales et ont le souci, bien légitime d'ailleurs, de protéger la liberté de leurs adhérents.

Ainsi l'exclusion apparaît d'abord comme une sanction du pacte social, un moyen d'assurer l'obéissance à la règle des statuts. Mais le plus souvent ce n'est pas à ce titre qu'elle est appliquée. Pour que le syndicat poursuive utilement la tâche qu'il s'est assignée, il ne suffit pas que ses adhérents se soumettent à la volonté générale, il faut encore qu'ils sachent s'imposer une discipline mutuelle qui permette d'éliminer de l'association les individus qui y sèment le trouble ou y apportent l'indignité.

Le Syndicat, qui est une société fondée sur la considération des personnes, ne peut subsister qu'à la condition de maintenir entre ses membres le sentiment de confraternité qui est sa raison d'être et, pour réaliser cet idéal, il doit faire régner l'ordre dans ses assemblées et garder intacte la dignité professionnelle.

Il y a sur ce point une analogie évidente entre les Syndicats et les Chambres de notaires, d'avoués ou d'avocats. Ces dernières exercent sur leurs membres une sorte de pouvoir de police qui leur permet d'écarter de la corporation ceux qui ne sont plus dignes d'y figurer. Pour de semblables raisons, le groupement syndical a le droit de contrôler l'attitude et la conduite de ses affiliés et par suite le pouvoir de réprimer leurs écarts.

Les Syndicats peuvent, en un mot, être soumis à l'application d'un règlement disciplinaire qui comporte ordinairement comme sanctions l'amende pour les fautes légères et l'expulsion pour les délits plus graves.

Envisagée à ce point de vue, l'exclusion n'est plus un moyen d'assurer l'exécution du contrat social, c'est une véritable peine, applicable seulement dans certains cas limitativement énoncés dans les statuts.

Mais le syndicat qui a la faculté de la prononcer ne jouit pas à cet égard des pouvoirs d'un juge ordinaire. L'assemblée générale ou le bureau de la Chambre ne résoudra jamais souverainement la question de savoir s'il y a lieu d'exclure tel ou tel syndiqué. La clause qui lui attribuerait ce droit absolu, serait entachée d'une double nullité : elle tomberait d'abord sous le coup de l'article 6 du Code civil comme portant atteinte au principe de la liberté individuelle et, en second lieu, elle violerait la disposition de l'article 1006 du Code de procédure civile. En effet, remettre à l'assemblée générale du syndicat le soin de trancher un conflit éventuel, c'est faire un compromis sur une contestation à naître. Or, l'article 1006 dispose que « le compromis désignera les objets en litige et les noms des arbitres ». Ni l'une ni l'autre des deux conditions exigées pour la constitution du tribunal arbitral ne se rencontrent ici ; la sanction de l'article devra s'appliquer (1).

Il faut bien se rendre compte de la portée de cette nullité. Ce n'est pas le droit d'exclusion qui est atteint, mais seulement l'article des statuts qui accorde un pouvoir ab-

(1) Plusieurs décisions judiciaires ont consacré cette solution en ce qui concerne les sociétés de secours mutuels : Toulouse, 15 janv. 1889, *loc. cit.* ; — Agen, 12 mars 1891, *loc. cit.* — *Contrà* : Bordeaux, 22 février 1889, D. 90, II, 135.

solu à la Chambre ou à l'assemblée du Syndicat. Malgré
cette disposition, l'association peut bien, si elle juge cette
mesure équitable et conforme aux statuts, prononcer
l'exclusion d'un de ses membres ; mais celui-ci aura toujours le droit de porter la question à l'appréciation des
tribunaux.

Il s'agit là d'une interprétation de convention qui
rentre dans la compétence de la juridiction ordinaire
des tribunaux civils. Si le syndiqué se croit victime d'une
injustice, il pourra en demander réparation. Le tribunal
examinera si les termes des statuts ont été interprétés
exactement et s'il découvre que le syndicat a outrepassé
les limites de son droit, il devra accorder une juste indemnité au syndiqué arbitrairement exclu.

L'application du règlement disciplinaire, qui est la loi pénale des associés, est assujettie aux principes de la loi pénale
de droit commun. De même qu'un acte n'est punissable
qu'à la condition de constituer une infraction prévue par
un texte spécial du Code pénal, de même aussi l'exclusion
ne peut être appliquée que pour les motifs inscrits dans
les statuts. Comme pour les textes de notre droit répressif,
c'est le principe de l'interprétation restrictive qui doit régler
l'application des dispositions statutaires relatives à l'exclusion. Cette doctrine a été plusieurs fois consacrée par la
jurisprudence ; on en trouve un exemple frappant dans un
arrêt de la Cour de Rouen du 24 mai 1890.

Un Syndicat de boulangerie, après avoir énuméré
dans ses statuts les personnes qui pourraient être exclues,
ajoutait : « Une injure grave adressée en séance à un des
membres de la Chambre pourra entraîner l'expulsion
immédiate de la société contre celui qui en sera l'auteur,

mais seulement sur la proposition et le vote des membres présents ».

Quelques syndiqués répandirent dans le public par la voie des journaux et de feuilles spéciales de graves accusations contre le président de la Chambre syndicale. On lui reprochait de ne pas « remplir son poste de président avec les devoirs que lui imposait cette qualité, mais de se servir de l'autorité que donne ce titre pour le mieux de ses intérêts et aux dépens de ceux des boulangers. » On l'accusait en outre de faire partie d'une coalition qui cherchait à faire hausser le prix de la levure et pouvait ainsi mettre en péril les intérêts de la corporation. Séance tenante, le président traduit ses accusateurs devant l'assemblée générale qui prononce l'exclusion.

Certes les insinuations malveillantes dirigées contre le chef du groupe syndical étaient bien « une injure grave. » Mais comme cette injure n'avait pas été proférée « au cours d'une séance », la disposition disciplinaire des statuts n'était pas applicable. Le cas était sans doute très légèrement différent, cette nuance suffisait cependant à marquer l'excès de pouvoir du syndicat qui dut payer une indemnité (1).

En même temps qu'elles énoncent les faits qui seront considérés comme causes d'expulsion, les clauses de la société indiquent le plus souvent les autorités syndicales, bureau de la Chambre ou assemblée générale, auxquelles est conféré le pouvoir de prononcer cette mesure disciplinaire et les formes de procédure qui doivent l'accompagner. Certains règlements décident, par exemple, que le membre sur qui pèse une accusation pouvant entraîner l'exclusion sera spécialement convoqué et que la lettre

_____

(1) Rouen, 24 mai 1890, D. 91, II, 381. — Dans le même sens, Dijon, 4 juillet 1890, D. 91, II, 2.

d'appel devra mentionner les fautes qui lui sont reprochées.

Dans tous les cas, l'observation de ces formes est une condition *sine qua non* de la régularité de l'exclusion. Si le syndicat n'en tient pas compte, il viole la loi du contrat et peut encourir des dommages-intérêts.

Lorsque les statuts n'organisent pas eux-mêmes cette procédure, on doit y suppléer par l'application en notre matière des principes de droit commun relatif à l'exercice du droit de défense de l'accusé. Il s'agit d'une peine grave pouvant porter atteinte à la considération du syndiqué qui en est l'objet. Il faut donc qu'il puisse justifier sa conduite, fournir des explications, présenter en un mot ses moyens de défense (1).

Si on le condamnait sans l'avoir mis au préalable en demeure de se défendre, il pourrait demander aux tribunaux ou sa réintégration dans le syndicat ou des dommages-intérêts. On devrait même considérer comme dépourvue de toute valeur légale la clause des statuts, portant que l'exclusion pourrait être prononcée en absence du syndiqué intéressé et sans que celui-ci ait été spécialement convoqué. Car le droit de défense est un droit imprescriptible, inaliénable, qui ne peut faire l'objet d'aucune convention (2).

En somme, le Syndicat ne peut user à l'égard de ses membres de la faculté d'exclusion que dans les limites tracées par les statuts sociaux et sous la condition d'assurer toujours à l'accusé les moyens d'établir sa justification. Sinon la condamnation qu'il prononce est une mesure ar-

---

(1) G. Bry, *Cours de législation industrielle*, p. 276.
(2) Rouen, arrêt précité, D. 91, II, 381.

bitraire ou irrégulière et le syndiqué qu'il a injustement
frappé a le droit de lui demander réparation du préjudice
qu'il éprouve dans son honneur ou dans ses intérêts.

SECTION III.

DE L'EXÉCUTION DES CONDAMNATIONS CIVILES PRONONCÉES CONTRE LES SYNDICATS

La condamnation pécuniaire, infligée à une association
professionnelle comme compensation du dommage qu'elle
a occasionné par ses actes délictueux, est une créance dont
le recouvrement peut être poursuivi sur l'actif syndical.

En fait, l'exécution d'une condamnation de cette nature
soulève bien des difficultés; parfois même elle est impossible, si le syndicat ne possède pas le plus petit patrimoine,
Mais, cette dernière hypothèse mise à part, le créancier
qui se voit obligé de recourir aux voies extrêmes pour
contraindre le syndicat personne morale à lui payer l'indemnité qui lui est due peut rencontrer de sérieux obs-
tacles.

En fait d'immeubles, on sait que les syndicats n'ont le
pouvoir de posséder que ceux qui sont nécessaires à la tenue de leurs séances et aux cours professionnels qu'ils
voudraient organiser. Or, à part quelques Syndicats de
patrons qui sont propriétaires de leur hôtel, les autres,
c'est-à-dire la presque totalité des syndicats patronaux et
tous les syndicats ouvriers habitent des locaux loués et
ont, comme seul avoir, le peu d'argent fourni par les cotisations de leurs membres (1).

On peut donc dire d'une façon générale que la fortune

(1) Hubert-Valleroux, *Le Contrat de travail*, p. 210.

des syndicats est exclusivement mobilière et comme telle facilement dissimulable. En outre, la faculté accordée aux corporations, de fonder à côté d'elles et pour leurs membres des œuvres de prévoyance et d'assistance réduit encore la part des biens sociaux, sur laquelle porte le droit de celui qui a obtenu un jugement contre le corps syndical.

Le seul lien commun qui rattache ces diverses fondations à l'association professionnelle, c'est que toutes comptent comme membres participants les syndiqués eux-mêmes et que les ressources qui les alimentent proviennent de la même origine : les cotisations versées par les adhérents au syndicat.

En dehors de ces points de contact, chacune de ces institutions, société de secours mutuels, caisse de retraites, etc., conserve sa physionomie particulière; chacune a ses règles spéciales et son patrimoine propre. La circulaire interprétative du 25 août 1884 pose très nettement cette solution, qui résulte d'ailleurs de la loi de 1884 elle-même. L'article 7 en effet, en disposant que le syndiqué démissionnaire conserve ses droits dans les caisses de secours mutuels et de retraites, alors qu'il n'en a plus aucun sur l'actif syndical, montre bien la séparation qui existe entre ces divers patrimoines. L'obligation aux dommages-intérêts ne grève donc que les biens non affectés aux fondations qui fonctionnent parallèlement au Syndicat.

Ce résultat, qui diminue considérablement les garanties des tiers lésés par les manœuvres illicites de l'association, a fait concevoir à certains jurisconsultes un système de responsabilité plus étendue qui atteint, non plus l'être moral, mais les syndiqués eux-mêmes.

Lorsque les actes délictueux, interdits, proscriptions, etc.,

sources du dommage, ont été décidés par l'Assemblée générale ou la Chambre syndicale, on doit considérer les membres
comme auteurs de la faute et la charge de réparer le
préjudice devient une obligation personnelle. « Les
membres du bureau ou même, le cas échéant, les membres de l'Assemblée générale, qui n'auraient pas protesté
contre la décision prise, seraient tous responsables. Et,
comme il s'agit d'actes collectifs dans lesquels la part
de chacun ne saurait être discernée, la solidarité serait
inévitable » (1).

Cette théorie, dont il est inutile de faire ressortir les
conséquences rigoureuses, ne tient pas compte de la
nature de personne morale qui est celle du syndicat.
Toutes les fois que les syndiqués agissent suivant les
formes corporatives, indiquées par les statuts, il n'y a pas
une série d'actes individuels tendant au même but; la
personnalité des membres s'efface, il reste une volonté
unique, celle de l'être moral et c'est lui seul qui est
l'auteur des actes accomplis d'après cette volonté. Et si ces
actes sont légalement répréhensibles, leur caractère délictueux n'altère pas leur origine; le syndicat seul, en tant
que personne morale, doit donc en supporter les conséquences.

Dans une hypothèse cependant, le système préconisé
par M. Planiol trouve sa raison d'être. L'association professionnelle a la faculté de se dissoudre au moment
qu'elle juge opportun, pourvu qu'elle observe les formes
réglées par les statuts pour l'exercice de ce droit. Il peut
donc arriver que l'assemblée syndicale, se trouvant sous le
coup d'une condamnation civile, vote la dissolution dans

(1) Planiol, note sous Lyon, 2 mars 1894, D. 94, II, 305.

le but de mettre le patrimoine à l'abri de l'obligation qui
l'atteint.

Une dissolution, votée dans ces conditions a tous
les caractères d'un acte frauduleux, puisqu'elle tend à
empêcher un créancier du syndicat de poursuivre le
montant de sa créance. Il n'y a plus d'acte corporatif, le
syndicat n'existant plus ; la coopération individuelle
réapparait forcément et la faute retombe sur tous ceux
qui ont pris part à la décision illicite. Mais en principe, on
ne peut inquiéter les adhérents sur leurs biens propres en
raison d'une dette qui affecte le patrimoine de la collectivité.

Le résultat est le même quelle que soit, du reste, la
cause de la dette syndicale, qu'elle découle d'un contrat
ou résulte d'un jugement. Comment porter remède à cette
situation qui laisse les tiers désarmés en face de l'association ? « Il faut écrire dans la loi, dit M. Hubert-
Valleroux, ou bien que faute de payer, les administrateurs
du syndicat seront soumis à la contrainte par corps, ou
bien que le syndicat qui ne paye pas sera dissous par
sentence de justice » (1).

Le savant économiste n'insiste pas sur le premier
procédé qui serait excessif et en dehors de nos mœurs
et de notre temps. C'est donc à la dissolution forcée
qu'il s'arrête. Mais il la conseille, semble-t-il, sans
enthousiasme et comme à regret de ne pouvoir découvrir un moyen plus efficace de sauvegarder les
intérêts des tiers. On peut en effet avoir des doutes sur
l'excellence du remède proposé : les syndicats auraient
toujours la facilité de dissimuler même aux tribunaux

(1) Hubert-Valleroux, *Cont. de trav.*, *loc. cit.*

l'état de leur fortune qui n'est soumise à aucun contrôle.

M. Hubert-Valleroux paraît mieux inspiré lorsqu'il demande plus de liberté pour les syndicats et la suppression des dispositions légales qui leur interdisent de posséder des immeubles. En réalisant ce vœu, le législateur aurait trouvé le meilleur moyen d'asseoir sur une base solide et sûre la responsabilité des associations professionnelles. Cette idée avait été émise au moment de la discussion de la loi à la Chambre, mais des esprits inquiets, hantés par la peur de voir renaître les patrimoines de mainmorte, s'empressèrent de repousser cette menaçante proposition.

Cependant, si le législateur se décidait à opérer la réforme qu'on lui réclame, il ne créerait pas une innovation si dangereuse ; il ne ferait que suivre en somme l'exemple d'autres États moins timorés. Ainsi en Angleterre, les Trade's Unions peuvent posséder non seulement des valeurs mobilières en quantité indéfinie, mais encore des immeubles jusqu'à concurrence d'une acre d'étendue. En Autriche, en Allemagne, le droit de posséder reconnu aux corps de métiers ne comporte aucune restriction (1).

La limitation que la loi de 1884 apporte à la capacité des syndicats suggère à M. Hubert-Valleroux une remarque pleine de sens qui mérite d'être mentionnée : « J'ai toujours admiré, dit-il, cette tradition très observée dans nos assemblées législatives, de limiter la fortune immobilière des personnes morales, alors surtout qu'on ne borne pas leur patrimoine mobilier. Je n'en ai jamais pu trouver la raison, car non seulement la propriété

(1) Hubert-Valleroux, *Les corporat. d'arts et métiers et les synd. professionnels*, p. 368.

immobilière ne confère actuellement aucun avantage politique ou autre, mais si l'on veut, par disposition légale, limiter la fortune des personnes civiles, on doit souhaiter qu'elles mettent cette fortune en immeubles, ce qui la rend visible, au lieu de la mettre en valeurs mobilières, ce qui ne permet pas d'en connaître le montant » (1).

En résumé, le système qui accorderait aux syndicats le droit de posséder sans limites serait avantageux à tous égards. La possession rend sage et la corporation riche sera peu tentée de commettre des abus, si ces abus doivent entraîner la perte d'une partie de ses biens. D'autre part, elle offrira un crédit mieux établi, une solvabilité plus claire aux personnes avec lesquelles elle se propose de contracter. A ses adhérents elle pourra rendre de nombreux et utiles services, en multipliant autour d'elle les œuvres d'assistance : les associations ouvrières, par exemple, auraient à leur portée le moyen de résoudre aisément l'importante question des logements ouvriers. De leur côté, les syndicats agricoles pourraient fonder des dispensaires, de petits hôpitaux destinés à distribuer des secours dans les campagnes... (2).

Enfin, débarrasser le droit de posséder de toute entrave, ce serait substituer, au profit des tiers victimes d'une lésion imputable au syndicat, une compensation réelle à des condamnations trop souvent platoniques qui ne réparent rien et sont impuissantes à prévenir le retour des actes nuisibles de la part des associations impunies.

---

(1) et (2) Hubert-Valleroux, *De la capacité civile des synd. prof.* (*Réforme sociale*, n° des 16 août et 1er sept. 1898, p. 316). — Voir aussi *Circul. du Musée social*, mars 1900, p. 95.

CONCLUSION

Les syndicats professionnels sont capables de commettre une faute civile ; on ne peut jamais leur imputer un délit pénal. Si rien ne s'oppose à ce qu'ils soient condamnés à des dommages-intérêts, on ne peut songer à leur infliger aucune des peines que la loi attache aux infractions.

Telle est l'étrange conclusion qu'impose à cette étude la doctrine établie de la jurisprudence.

Nous avons vu que cette règle, que les tribunaux ne réservent pas seulement aux syndicats, mais appliquent aux diverses catégories de personnes morales, repose sur des motifs qui ne résistent guère à la discussion.

La séparation absolue entre le délit civil et l'infraction pénale reste, au point de vue philosophique, une antithèse inexplicable. Quelque effort qu'on fasse, on ne peut arriver à comprendre en quoi la capacité délictuelle peut dépendre de la nature de la faute et de la sanction qui y est attachée.

La jurisprudence recourt, il est vrai, pour faire accepter son système hybride, au texte même du Code pénal. Les collectivités ne figurent pas parmi les personnes qu'il déclare punissables. Tout étant de droit strict en matière répressive, il en résulte que la peine ne saurait les atteindre.

Cette interprétation du silence de la loi est-elle bien

exacte? N'est-il pas quelque peu téméraire d'affirmer qu'en ne désignant pas les associations comme agents possibles de l'infraction, les rédacteurs du Code pénal ont reconnu que les règles ordinaires de l'imputabilité des délits aux individus ne leur étaient pas applicables? Dire cela, n'est-ce pas introduire dans les prévisions du législateur une hypothèse qui a dû forcément échapper à ses préoccupations?

Au lendemain de la Révolution, alors qu'on venait d'abolir tout vestige d'association, au moment même où l'on inscrivait dans le Code pénal une règle qui en proscrivait la reconstitution, alors par conséquent qu'on était loin de songer aux effets de la personnalité civile, pouvait-on se demander si une collectivité n'était point capable d'enfreindre la loi pénale et susceptible d'être condamnée à une peine?

- Ces considérations suffisent à expliquer que le législateur n'ait pas eu alors à se préoccuper des divers problèmes de responsabilité que le fonctionnement de l'association soulève aussi bien dans le domaine civil que dans le domaine pénal.

Mais le développement croissant de l'association qui s'est multipliée surtout dans le dernier quart de ce siècle aurait dû, semble-t-il, déterminer le législateur moderne à suppléer au silence de nos Codes et à produire des vues d'ensemble sur ce sujet important.

Il n'en a rien fait cependant. Il s'est contenté jusqu'à ce jour de procéder par voie de dispositions spéciales, se souciant, chaque fois qu'il autorisait la création d'un groupement nouveau, de restreindre sa capacité d'action beaucoup plus que d'en régler l'exercice. Il a préféré abandonner ce dernier devoir à la jurisprudence qui,

manquant de règles légales, s'est approprié la théorie
vague, imprécise qu'on est convenu d'appeler la *fiction
de la personnalité civile*, et en a tiré les conséquences
bizarres que nous connaissons.

La participation de certaines associations à des délits
punissables est pourtant un fait qui chaque jour s'affirme
avec une évidence de plus en plus grande, que n'atténue
point l'indifférence obstinée du législateur.

« La criminalité collective est complexe, dit M. Tarde,
et l'on n'a étudié que quelques-unes de ses manifestations,
précisément les plus anciennes et non les plus en voie de
progrès. Il y en a d'autant d'espèces que de groupes
sociaux. Si les *crimes familiaux* sont en décroissance,
ainsi que les *crimes de sectes religieuses*, sinon de *sectes
politiques*, si même les *crimes de foules* ne progressent
pas ou se raréfient en dépit de la turbulence de nos
sociétés démocratiques, les *crimes professionnels* inspirés
par le sentiment croissant de la solidarité entre membres
d'une même corporation industrielle ou militaire, n'ont-
ils pas une tendance à se réveiller plutôt qu'à s'éteindre ? » (1).

Pour qui s'intéresse spécialement à la vie des corporations et étudie de près leur action dominante dans le
monde industriel, l'observation de M. Tarde est profon-
dément juste, et la responsabilité pénale des syndicats ou
plus généralement des collectivités s'impose.

Qu'on ne reproche pas à cette solution d'être trop peu
libérale et de compromettre, par des sanctions rigoureuses, l'utilité des associations. Bien au contraire, la

---

(1) Tarde, *Les transformations de l'impunité (Réf. soc.,* 1898,
p. 726).

résponsabilité est le corollaire de la liberté ; on ne peut être responsable que si on est libre et la loi qui ajouterait à notre Code pénal un nouveau titre sur la responsabilité des collectivités, devrait tout d'abord supprimer la disposition de l'article 291 qui, selon l'énergique expression de M. Garraud, déshonore notre droit français.

Mais ce qu'il importe d'éviter, c'est que la liberté ne dégénère en licence. Si « l'association fait de l'impuissance de chacun la puissance de tous », ainsi que l'affirmait Platon, il ne faut point que cette puissance devienne une menace constante pour la liberté des individus et se tourne en danger contre l'ordre social.

Pour éloigner ce double péril, ne suffirait-il pas de substituer à la responsabilité éparse, inconsistante, qui n'atteint que de vagues individualités, la responsabilité solide, directe, effective de l'association ?

Vu :   Vu :

Le Doyen de la Faculté de Droit   MONGIN
de l'Université de Dijon.

BAILLY

Vu et permis d'imprimer :

Dijon, le 13 mars 1900.

Le Recteur de l'Académie

Ch. ADAM,

Correspondant de l'Institut.

BIBLIOGRAPHIE

Boullaire. — Manuel des Syndicats professionnels agricoles.

Boullay. — Commentaire de la loi sur les Syndicats professionnels.

— Rapport sur les Syndicats professionnels. (Rev. cath. des instit. et du droit, 1890, p. 43)

Bouvier. — De la responsabilité pénale et civile des personnes morales.

Bry. — Cours de législation industrielle.

Cassagnade. — De la personnalité civile des sociétés et commerciales

César-Bru. — Nature de la personnalité civile des syndicats professionnels. (Rev. génér. de dr. et de jurisp., 1888, p. 138.)

Dufourmantelle. — Précis de législation industrielle.

Garraud. — Traité de Droit pénal (2e édit).

Gibon. — La Grève de Carmaux. (Réf. sociale, 16 février 1893, p. 271.)

Glotin. — Étude historique, économique et juridique des Syndicats professionnels.

Grüner. — Les Syndicats industriels et en particulier les Syndicats miniers en Allemagne. (Réforme sociale, 1888, p. 166 et suiv.)

Haus. — Principes généraux de Droit pénal belge (3e édit.).

Jay. — Note sous Paris, 28 février 1888, S. 89, II, 49.

Ledru et Worms. — La loi sur les Syndicats professionnels.

Lefebvre. — De la responsabilité délictuelle, contractuelle.

(Rev. critique de législat. et de jurisp., 1886, p. 485 et suiv.)

Listz (Franz von). — Lehrbuch des deutschen Strafrechts (8ᵉ édit.).

Lyon-Caen et **Renault**. — Droit commercial.

Mestre (Achille). — Les personnes morales et le problème de leur responsabilité pénale (Paris, 1899.)

Mongin. — Note sous Grenoble, 28 octobre 1890, Pand. franç., 92, II, 17).

Ortolan. — Études de droit pénal (4ᵉ édit.).

Percerou. — Des Syndicats de producteurs (Ann. de dr. com., 1897, p. 280).

Pic. — Traité élémentaire de législation industrielle, 1ʳᵉ partie.

Planiol. — Note sous Lyon, 2 mars 1894, D. 94, II, 305.

Rousse. — De la capacité juridique des associations.

Sauzet. — De la nature de la personnalité civile des Syndicats professionnels. (Rev. critique de législat. et de jurisp., 1888, p. 296.)

Savigny. — Traité de Droit romain (traduct. Guénoux), t. II, p. 317 et suiv.

Sénart. — Bulletin des agriculteurs de France, mai 1885.

Sourdat. — Traité général de responsabilité.

Tarde. — La philosophie pénale.

— Les transformations de l'impunité. (Réf. soc., 1898, p. 726.)

Valleroux (Hubert). — Les corporations d'arts et métiers et les Syndicats professionnels.

— Le Contrat de travail.

— De la capacité civile des syndicats professionnels. (Réf. soc., 16 août et 1ᵉʳ septembre 1898.)

Vauthier. — Étude sur les personnes morales.

Veyan. — Loi sur les Syndicats professionnels.

Willems. — Essai sur la responsabilité édictée par les articles

1382 et 1386 du Code civil. (Rev. gén. du dr., 1895,
p. 110 et suiv.)

Périodiques.

Annales de droit commercial.
Bulletin de l'Office du Travail.
Circulaires du Musée social.
Économiste français.
Lois nouvelles.
Réforme sociale.
Revue catholique des institutions et du droit.
Revue critique de législation et de jurisprudence.
Revue d'économie politique.
Revue des Deux-Mondes.
Revue des Sociétés.
Revue générale de droit et de jurisprudence
Revue pratique de droit industriel.

TABLE DES MATIÈRES

AR. ROUSSEAU, IMPRIMEUR-ÉDITEUR, PARIS.

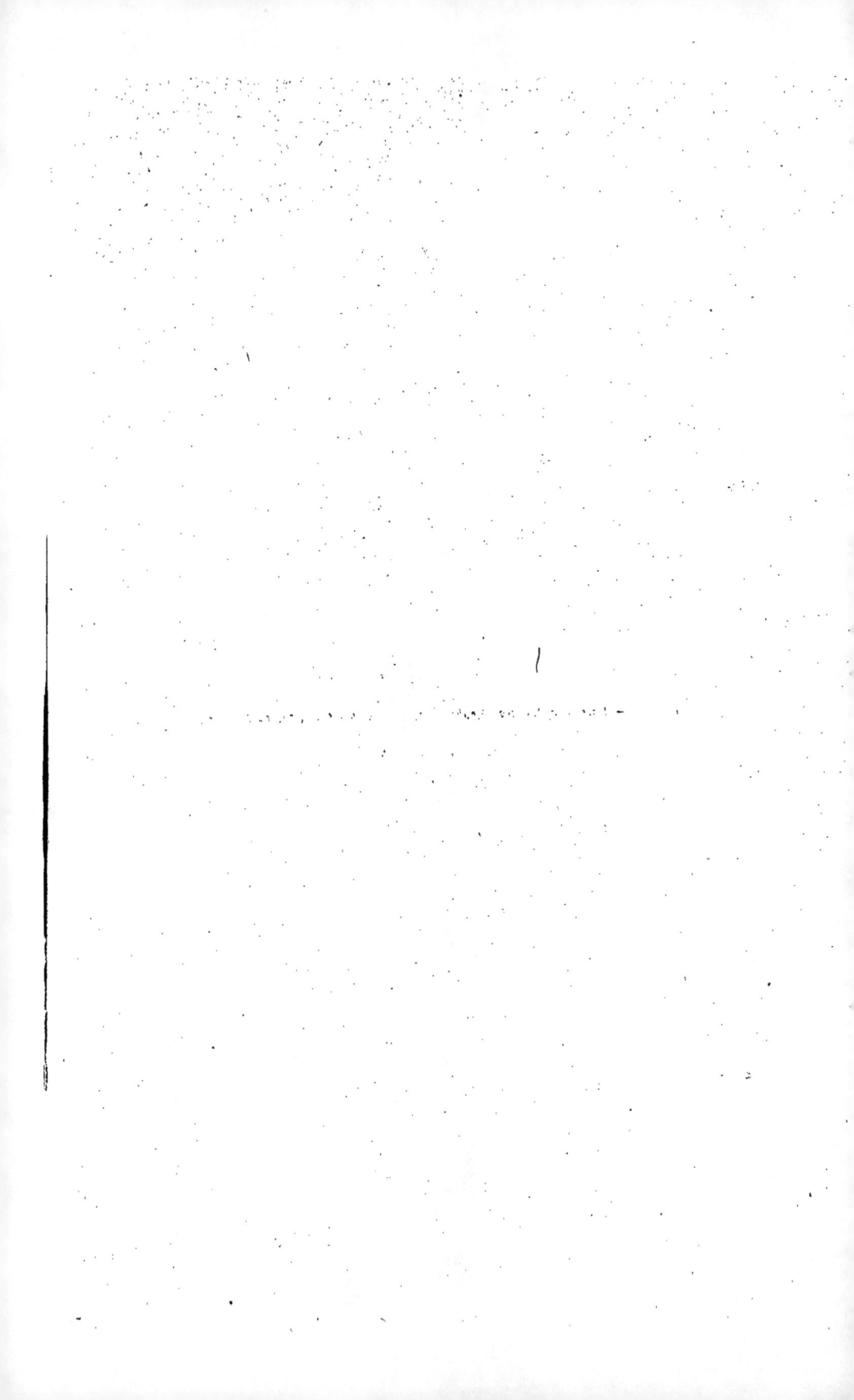

Le Mans — Association Ouvrière (Mauboussin, Jobidon et C⁰) 5, rue du Parc Fais

www.ingramcontent.com/pod-product-compliance
Lightning Source LLC
Chambersburg PA
CBHW060537210326
41519CB00014B/3247